M. Bergbauer / M. Kirschner

TAUCHREISEFÜHRER KORFU

Ankerplatz in der Klosterbucht.

Matthias Bergbauer / Manuela Kirschner

TAUCHREISEFÜHRER
KORFU

Delius Klasing
EDITION NAGLSCHMID

Die Deutsche Bibliothek – CIP Einheitsaufnahme

Bergbauer, Matthias; Kischner, Manuela
Tauchreiseführer Korfu; ein Urlaubsführer für alle Wassersportbegeisterten: Schwimmer, Schnorchler, Taucher, Angler, Segler, Surfer, Strandwanderer und Aquarianer / Matthias Bergbauer/Manuela Kirschner. –
Stuttgart, Naglschmid, 2. aktualisierte und erweiterte Neuauflage 1995
(Delius Klasing/Edition Naglschmid: Tauchreiseführer; Bd. 17)
ISBN 3-89594-007-0
NE: Delius Klasing/Edition Naglschmid / Tauchreiseführer

ISBN 3-89594-007-0

Herausgeber: Dr. Friedrich Naglschmid
Titelbild: /MTi-Press/Manuela Kirschner
Fotos: /MTi-Press
Umschlaggestaltung: Buchholz/Hinsch/Hensinger, Hamburg
Druck: Kunst- und Werbedruck, Bad Oeynhausen
Printed in Germany 1995

Dieses Buch wurde auf umweltschonendem, chlorfrei gebleichtem Papier gedruckt.

Inhalt

Vorwort

Korfu als die nordwestlichste griechische Insel präsentiert sich vielfach anders als das übrige Griechenland. Es ist Griechenlands grünste Insel: Eine üppige Vegetation bedeckt Korfu wie ein grüner Pelz, allen voran die knorrig-bizarren Olivenbäume, von denen es über drei Millionen, größtenteils uralte Exemplare, gibt. Nicht nur geographisch – im nördlichen Ionischen Meer dicht am Zugang zur Adria gelegen – ist Korfu Italien am nächsten. Über vier Jahrhunderte im Besitz von Venedig, sind die Zeugnisse einer stolzen Vergangenheit vor allem in Korfu-Stadt bis heute allgegenwärtig. Das wunderbar erhaltene alt-venezianische Viertel, zusammen mit den schönen Bauten aus französischer und englischer Herrschaft geben der Stadt ein einmaliges Ambiente. Internationales Flair und landschaftliche Schönheit machen Korfu zum beliebten Reiseziel mit intensivem Fremdenverkehr. Doch neben den Ferienhochburgen an der Ostküste, vor allem nördlich und südlich der Hauptstadt, hat sich Korfu vielerorts seine Urtümlichkeit bewahrt. Insbesondere im Westen fasziniert die Insel mit unzugänglichen Steilküsten, traumhaften Badebuchten und einigen großen Sandstränden. Die wild zerklüftete Westküste bietet zudem zahlreiche, darunter erstklassige Tauchgebiete. Klares Wasser und eine bizarre Unterwasserlandschaft mit vielfältigen Lebensgemeinschaften erwarten den Taucher. Die reich strukturierte Felsenwelt mit ihren unzähligen Formationen wie Grotten, Höhlen, Kaminen, Spalten, Simsen, Canyons, Steilwänden und Überhängen garantieren abwechslungs- und erlebnisreiche Tauchgänge. Derartige Felsgebiete bieten zahlreichen Tierarten geeigneten Lebensraum, Tauchgänge werden zu Entdeckungstouren.
Korfu kann man sehr unterschiedlich erleben. Dieser Tauchreiseführer soll mit verschiedensten Informationen helfen, den Urlaub auf Korfu individuell gestalten zu können. Dieses Buch versteht sich insbesondere auch als ein Naturführer. Mit Informationen zu den Tauchgebieten und Erläuterungen zur Biologie einiger häufig zu beobachtender Tiere soll es auch dazu beitragen, die faszinierende Unterwasserwelt Korfus intensiver zu erleben.

Dr. Matthias Bergbauer
Manuela Kirschner

Sidári
Perouládes
Róda
Avliótes
Kassiópi
Mesariá
Ágios Stéfanos
Afiónas
Ágios Athanásios
Kouloúra
Kastelláni
Ágios Markos
Nisáki
Makrádes
Barbáti
Pirgi
Lákones
Golf von Korfu
Ípsos
Paleokastrítsa
Liapádes
Dasiá
Gouviá
Vídos
Ermónes
KORFU (KÉRKIRA)
Pélekas
Análipsis
IONISCHES MEER
Sinarádes
Áno Garoúna
Benítses
Ágios Górdis
Káto Garoúna
Ágios Matthéos
Moraítika
Mesongi
Petretí
Argyrádes
Lefkími
Sparterá
Kávos
0
5
10 km

Tauchbasen

Kleine Landeskunde

Lage und Geographie

Korfu ist die bevölkerungsreichste und bereits seit dem Altertum die bedeutendste der Ionischen Inseln. Diese Inselkette ist der Westküste Griechenlands vorgelagert und erstreckt sich, dem Verlauf des Festlandes folgend, von Nordwest nach Südost. Das Ionische Meer, von dem die Inseln ihren Namen bekamen, liegt zwischen dem italienischen Stiefelabsatz und dem Peloponnes. Nach Norden hin ist es über die Straße von Otranto mit dem Adriatischen Meer verbunden. Nordwestlich von Korfu liegen nur noch drei winzige Ionische Inselchen, Mathraki, Othoni und Erikussa, sowie das Eiland Diaplo.
Korfu hat einen schmalen, sichelförmigen Umriß und ist mit 592 km^2 die zweitgrößte der Ionischen Inseln. Bei einer Länge von 62 km ist sie größtenteils nur 3,5 bis 10 km breit, lediglich im Norden erreicht sie eine Breite von 28 km. Hier liegt sie bereits auf der Höhe Südalbaniens und nähert sich dem Festland auf nur 2 km. Von der Küstenstraße aus kann man einzelne Häuser auf albanischer Seite deutlich erkennen.
Geologisch gesehen stellt Korfu die westlichsten, sich noch einmal weit über den Meeresspiegel erhebenden Ausläufer der küstenparallelen Gebirgsketten Westgriechenlands dar. Wie diese bestehen die Gebirgszüge der Inseln größtenteils aus mächtigen Kalkplatten. Die nordwestliche Ecke Korfus ist dagegen gekennzeichnet von leicht erodierbaren Sedimenten: Bei Sidari ragen malerische, steile Sandsteinkliffs aus dem Meer empor, die von Brandung und Nordwinden immer wieder neu modelliert werden.
Als charakteristische Felsformationen prägen jedoch die Kalkgebirge mit ihren vielfältigen Karsterscheinungen die Landschaften Korfus. Das plumpe Kalkmassiv des Pantokrators mit seinem stumpfen Gipfel im Nordosten Korfus ist mit 906 m der höchste Berg der Insel. Von seinem Südhang bei Pirgi an der Ostküste zieht sich ein schmaler Kalkhöhenrücken über Ano Korakiana bis nach Paleokastritsa im Westen wie ein Riegel quer über den Nordteil der Insel. Südlich dieses Bergriegels erstreckt sich eine Hügellandschaft bis zur Südspitze, unterbrochen von einigen in NW-SO-Richtung verlaufenden Gebirgsrücken, aus denen der Agios Dheka (576 m) und der Agios Matthaios (468 m) herausragen. Korfus Landschaft zeigt sich außerordentlich vielgestaltig und abwechslungsreich, ist voller Kontraste. Neben unwegsamen Bergen bietet die Insel ausgedehnte, liebliche Hügellandschaften. Im mittleren Westen erstrecken sich weite grasbedeckte Ebenen; sogar Feuchtwiesen und Sumpfgelände gibt es auf Korfu. Die buchtenreiche Ostküste zwischen Korfu-Stadt und Pirgi ist von schmalen Stränden gesäumt und gibt sich ausgesprochen rummelig. Hier finden sich die Touristenhochburgen der Insel. Im

gesamten Osten ist die Landschaft flachhügelig und sinkt mit sanfter Neigung ins Meer. In großen Teilen unwegsam und ursprünglich ist dagegen die von schmalen Bergrücken begrenzte Westküste. Hier zeigt Korfu sein rauhes, wildes Gesicht, es ist die Wind- und Seeseite der Insel: Zerklüftete Felsküsten fallen steil ins Meer, schroffe Klippen und die vielfältigen Aushöhlungen des Kalkgesteins schaffen eine abwechslungsreiche Szenerie. Eingegliedert in die Felswände sind häufig kurze, schmale Sand- oder Geröllbuchten, die oft nur vom Wasser aus zu erreichen sind. Schon die Bootsfahrten zu den Tauchplätzen entlang dieser Kulisse sind ein Erlebnis! Aber im Westen sind auch die attraktivsten Sandstrände und verschwiegendsten Buchten zu finden, eingerahmt von einer begeisternd schönen Felskulisse. Ebenso kontrastreich wie die Landschaft sind die Ortschaften. Korfu bietet turbulente Badeorte, ebenso wie stille, ursprüngliche Bergdörfer. Und schließlich fasziniert Korfu-Stadt als lebendige, facettenreiche Stadt mit einer großen Vergangenheit.

Mediterranes Klima

Allgemein unterscheiden sich die Klimaverhältnisse im Mediterran recht deutlich von denen des mitteleuropäischen Raumes. Während bei uns in Mitteleuropa die Regenfälle über das ganze Jahr verteilt sind, mit den höchsten Niederschlagsmengen im Sommer, ist der Mittelmeerraum ein Winterregengebiet. Hier sind die Sommer ausgesprochen trocken und heiß. Der Winter mit seinen hohen Niederschlägen bleibt mild, Fröste treten nur ganz sporadisch auf; das Meer wirkt als riesiger Puffer, die Temperaturen sinken kaum unter 10 – 5°C. Im Winter bringen die feuchten, ozeanischen Tiefdruckgebiete Regen: Sie ziehen vom Atlantik über das europäische Festland bis weit in das südöstliche Mittelmeergebiet hinein. Im Sommer verdrängt das Azorenhoch die Tiefdruckgebiete nach Norden und bedingt die trocken-heißen Sommer. Diese Klimaverhältnisse sind so charakteristisch für das Mittelmeergebiet, daß es als mediterranes Klima bezeichnet wird. Zum Osten hin, also auch schon in Korfu, finden wir diese Verhältnisse aufgrund des kontinentalen Einflusses in ihrer ausgeprägtesten, im Westen durch den Einfluß des Atlantiks in abgeschwächter Form.

Das Wetter auf Korfu

Im Frühling, von März bis Mai, ist das Wetter eher unbeständig, mit schönen Sonnentagen, aber auch sehr kalten, regnerischen Tagen. Ab Mai wird es wärmer und berechenbarer, und von Juni bis zum September herrscht warmes, sonnensicheres Sommerwetter mit sehr wenig Niederschlag. Juli und August sind nicht selten regenfrei. Es wird jedoch auch im Hochsommer nie unangenehm heiß. Ab Oktober setzen Herbststürme mit hohen Niederschlägen ein. Über das Winterhalbjahr bekommen die Ionischen Inseln sehr viel Regen ab,

Klares blaues Wasser, bizarre Kalkfelsen und dichte Vegetation – so präsentiert sich Korfus Westküste.

was zu ihrer üppigen Vegetation beiträgt. Zu verdanken ist dies einer hohen Gebirgskette auf dem griechischen Festland, dem Pindos-Gebirge. Es verläuft wie die Ionischen Inseln in Nordwest-Südost-Richtung und wirkt als Wolkenbarriere. Die regenreichen winterlichen Wolkenmassen, die vom westlichen Mittelmeer herüberziehen, werden gestaut und regnen vor der Westküste ab. So haben die Ionischen Inseln mit etwas über 1.200 mm Niederschlägen im Jahr weit mehr Regen als die Ägäischen Inseln. Da sich der Regen jedoch auf wenige Tage im Winterhalbjahr konzentriert, gibt es hier übers Jahr nicht weniger Sonnentage als auf den anderen griechischen Inseln.

Die Winde

Der Tramontana kommt aus nord- bis nordöstlicher Richtung, er ist ein reiner Winterwind, böig und sehr kalt.

Scirocco, ein Südwind mit max. 6–9 Bft, bringt im Sommer trockene, heiße Luft und Sandstaub aus der Sahara mit. Im Sommer ist er jedoch sehr selten, häufiger herrscht er vom Herbst bis Frühjahr. Aufgrund der weiten Strecke über See baut er eine hohe und lange Dünung auf, die meisten Tauchgebiete können dann nicht angefahren werden. An der Westküste Korfus ist dieser Wind auflandig.

Garbi, ein starker Wind aus Süd-West, ist eher selten und tritt vor allem im Frühjahr auf. Er bringt hohen Seegang mit.

Ostria ist der typische, leichte Sommerwind. Er kommt aus West-Nordwest und ist selten sehr stark.

Maestro ist ein Starkwind aus dem Norden mit 5–8, in Böen bis 10 Bft. Er bewirkt kurze, hohe Wellen und eine starke Durchmischung des warmen Oberflächen- mit dem kälteren Tiefenwasser; an der Westküste ist er ablandig. Eine tagelange, deutliche Abkühlung des Oberflächenwassers ist die typische Folge. In der Ägäis wird der entprechende Wind Meltemi, in Frankreich Mistral genannt.

Pflanzenwelt: die grüne Insel

Mit griechischen Inseln verbindet man unwillkürlich Bilder aus der Ägäis, die durch das Fehlen jeglicher Bewaldung gekennzeichnet ist. Typisches Beispiel sind die Kykladen mit ihren kahlen, fast vegetationslosen Felsgebieten. Korfu präsentiert sich dagegen mit einer überraschend üppigen Pflanzendecke. Sie ist die fruchtbarste Insel Griechenlands, die „grüne Insel", und das ganze Jahr über von einer dichten Vegetation bedeckt.

Das Erscheinungsbild wird in erster Linie bestimmt von sogenannten Hartlaubgehölzen, der charakteristischen Vegetationsform mediterraner Winterregengebiete. Die Bäume und Sträucher zeichnen sich durch spezielle Anpassungen aus, denn grundsätzlich stellen die mediterranen Klimaverhältnisse

Pflanzen vor ein großes Problem: Im Sommer ist es heiß, aber es fehlt an Feuchtigkeit; der Winter bringt reichlich Niederschläge und ist relativ mild, aber dennoch für das Pflanzenwachstum zu kühl. Optimale Feuchtigkeit und Temperatur sind also auf verschiedene Jahreszeiten verteilt. Dieser Herausforderung begegnen die Hartlaubgewächse mit mehrjährig-winterharten Blättern. Solche sind derb, besitzen Wachsüberzüge und haben eine relativ kleine Oberfläche. Alles Eigenschaften, die eine zu starke Verdunstung über die Blätter und damit eine Austrocknung während der Sommerdürre verhindern. Hartlaubgewächse können diese Trockenperioden daher ohne Blattabwurf überdauern. Im Sommer legen die Pflanzen aufgrund der Trockenheit und im Winter wegen der niedrigen Temperaturen Ruhephasen ein. Im Frühjahr mit steigenden Temperaturen und noch feuchtem Boden sowie mit den ersten Herbstregen erfolgen die Wachstumsschübe.

Ursprünglich waren die Hartlaubzonen der Inseln und Küstengebiete überall im Mittelmeergebiet dicht bewaldet. Aber bereits seit der Antike bis weit in das Mittelalter hinein hat der Mensch Raubbau am Wald betrieben: Ganze Wälder wurden insbesondere dem Schiffsbau geopfert. Griechen, Römer, Venezianer, alle Kulturen bauten ihre Herrschaft auf großen Seeflotten auf, die unzählige Bäume verschlangen. Aber Holz war auch Brennstoff, wurde und wird bis heute in Meilern zu Holzkohle gebrannt, war wichtigstes Baumaterial und Grundstoff für vielerlei Gerätschaften. Als Folge des Raubbaus war der Mittelmeerraum bereits im Mittelalter vielfach entwaldet. Griechenland z. B. hat gegenwärtig weit weniger als 20 % Waldfläche.

Die vorherrschende Vegetation im Mediterran stellen heute die verschiedenen Strauchformationen dar, die man als Macchie bezeichnet. Sie besteht aus meist mannshohem, dichtem und undurchdringlichem Gebüsch. Abgesehen von ihrem Vorkommen an den ursprünglichen Standorten wie rauhen Felsküsten, sind solche Buschlandschaften keineswegs natürlich. Vielmehr entstehen sie aus den Wäldern durch Holzschlag, Brandrodung und der Nutzung als Viehweiden für Schafe und Ziegen. Eine niedrige und meist lichtere Macchie entsteht, wenn Abholzung und Brände in kürzeren Abständen erfolgen und die Beweidung intensiver ist. Solche Strauchformationen werden allgemein als Garigues, in Griechenland als Phrygana bezeichnet.

Aber warum ist gerade Korfu von einem dichten, grünen Pelz bedeckt? Auch hier wurden die einstmals dichten Wälder abgeholzt. Überlieferungen zufolge mußte bereits um 1400 herum Schiffsbauholz importiert werden. Anders als auf den meisten Inseln fand jedoch unter der Herrschaft der Venezianer im 16. und 17. Jahrhundert ein beispielloses Aufforstungsprogramm statt. Dabei wurden die Venezianer keineswegs von ökologischen Beweggründen getrieben, vielmehr sollte der wirtschaftlich wichtige Ölbaum in riesigen Kulturen angebaut werden. Das Konzept ging auf, und schon bald waren

Korfu und auch die Schwesterinsel Paxos mit dichten Ölbaumwäldern bedeckt. Wohl wegen der großen Anzahl an Bäumen – die griechischen Bauern legten keine lichten Haine an, sondern pflanzten gleich ganze Wälder – wurden diese nicht so intensiv gepflegt und geschnitten wie anderswo. Als Folge wurden und werden die Bäume sehr hoch, mit moosbewachsenen Stämmen, dicht aneinander schließenden Baumkronen und einem artenreichem Unterwuchs, bestehend aus Kräutern, Blumen und üppigen Farngesellschaften.
Weitverbreitet ist auch die Kermeseiche, ein meist buschförmiges Gehölz mit ledrigen, dunkelgrün-glänzenden Blättern. Deren Ränder tragen sehr spitze, stechende Ausbuchtungen, was ihr auch den Namen Stecheiche einbrachte. Als Eiche wird man sie nur aufgrund der typischen Früchte mit den Fruchtbechern identifizieren. Häufig ist auch die Immergrüne Baumheide. Dieser buschige Strauch besitzt nadelartige Blätter. Zur Blütezeit im März bis Mai ist er mit vielen kleinen, weißen Blüten in dichten Blütenständen geschmückt.
Ebenfalls zu den Hartlaubgewächsen gehört der Mastixstrauch. Er verströmt einen harzig-aromatischen Duft und hat ledrige, dunkelgrüne, gefiederte Blätter. Die kleinen, dichtstehenden kugeligen Früchte sind zunächst rot und werden mit der Reife schwarz.
Die Mittelmeer-Zypresse ist ein schlanker, säulenförmiger Baum mit sehr kleinen schuppenförmigen Blättern. Die kugeligen, braunen Zapfen sind durch holzige Schuppen auffällig gefeldert. Diese Art wird in ihrer Säulenform gerne auch als Zierbaum angepflanzt und steht meist einzeln oder in kleinen Hainen. Regelmäßig ist sie auch in Olivenwäldern zu finden, aus denen sie weithin sichtbar herausragt.
Neben diesen Charakterarten gedeihen auf Korfu eine Reihe weiterer Bäume wie z. B. die Steineiche, die früher sehr viel häufiger war, sowie die als Kulturpflanzen genutzten Feigen-, Mandel-, Zitronen- und Orangenbäume. Im Frühjahr blühen eine Vielzahl von prächtigen Sträuchern wie Zistrosen, Wundklee, Ginster, Myrte und bis weit in den Sommer hinein auch der Oleander. Häufig werden der Chinesische Roseneibisch und die Kahle Drillingsblume als Ziersträucher angepflanzt. Kräuter wie Salbei, Thymian, Rosmarin oder Lavendel machen sich auch außerhalb der Blütezeit durch ihren intensiv-aromatischen Geruch bemerkbar. Erwähnt werden soll noch, daß Korfu bekannt ist für seine Vielzahl an Orchideenarten. Besonders in den Ölbaumwäldern gedeihen sie in artenreichen Beständen, blühen jedoch nur im Frühjahr. Ebenfalls in den Wäldern und an schattig-feuchten Stellen sind Farne sehr häufig.

Auch im Hochsommer bleibt die Insel grün: Viele hundert Jahre alte Ölbaumwälder bieten Schatten und genügend Feuchtigkeit.

Der Ölbaum: Wahrzeichen der Insel

Der Ölbaum gehört zu den ursprünglichen, mediterranen Hartlaubgewächsen und ist die charakteristische Kulturpflanze des gesamten Mittelmeerraumes. Bereits vor über 4.000 Jahren wurde er wegen seiner Früchte, den Oliven, angebaut. Aber nur wenige Gebiete werden so von diesem Baum geprägt wie Korfu. Wird er anderswo meist in lichten Hainen kultiviert, in denen noch genügend Licht und Raum für Feldbau bleibt, wächst er auf Korfu oft in dichten Wäldern, in denen keine weitere landwirtschaftliche Nutzung lohnt und der Boden teils von Farnen und Gräsern bedeckt ist. So ist der Baum heute allgegenwärtig, nicht nur in Wäldern, auch auf Dorfplätzen, an Straßenrändern, in Gärten, Hotel- und Appartementanlagen – man findet kaum einen Fleck, wo er nicht wächst. Zu verdanken ist dies den Venezianern, die Anfang des 17. Jahrhunderts die Kultivierung des Ölbaumes intensiv gefördert haben, indem sie für Neupflanzungen Geldprämien zahlten. Damals waren weite Teile des Landes abgeholzt, da seit der Antike Holz für den Schiffsbau geschlagen wurde. Die Initiative der Venezianer zeigte raschen Erfolg, es entstanden ausgedehnte Ölbaumkulturen. Heute gibt es schätzungsweise gut 3 Millionen Ölbäume auf Korfu.

Der Ölbaum ist ein relativ kleiner Baum mit breiter Krone, meist mißt er 5–10 Meter. Gerade auf Korfu erreichen die Bäume jedoch nicht selten auch über 15 Meter, da sie hier viel weniger geschnitten werden. Die grauen Stämme sind knorrig und verwachsen. Oft erscheinen sie wie aus dicken Tauen gedreht, mit Löchern zwischen den einzelnen Strängen. Jeder ist ein Individuum von ganz eigener, oft bizarrer Gestalt. Ölbäume wachsen ausgesprochen langsam, können aber ein Alter von 1.000 Jahren erreichen. Im Laufe der Jahrhunderte entwickelten sich Baumgestalten von urtümlicher Individualität, sie geben Korfu ein unverwechselbares Profil. Mit ihren schmal-elliptischen, ledrigen und winterfesten Blättern sind sie bestens an das mediterrane Klima angepaßt. Die Oliven sind zunächst grün, werden dann bräunlich bis purpur und schließlich blauschwarz. Die Erntezeit erstreckt sich über das Winterhalbjahr. Dann sind die schwarzen Netze, welche sonst zusammengerollt vor den Stämmen oder zwischen Astgabeln liegen, auf dem Boden ausgebreitet, um die herabfallenden Oliven aufzufangen. Das Fruchtfleisch enthält bei der Reife bis zu 60 % Öl. Neben Tafeloliven wird in den zahlreichen Ölmühlen vor allem dieses Olivenöl gewonnen. Selbst in winzigen Bergdörfern findet man kleine, familienbetriebene Ölpressen. Die erste kalte Pressung ergibt das beste aromareiche Jungfernöl, die zweite warme Pressung immerhin noch gutes Speiseöl. Die Preßrückstände werden teilweise als Tierfutter verwendet. Die Nutzung des Ölbaumes geht über die Gewinnung von Öl und Speiseoliven hinaus: Neben Streu- und Brennmaterial liefert er ein sehr schön gemasertes, hartes Holz, aus welchem anspruchsvolle Tischlerarbeiten und eine Vielzahl

Urtümliche Baumgestalten: Seit Jahrhunderten prägen Ölbäume die Landschaft Korfus.

von Schnitzereien hergestellt werden. Keine andere Kulturpflanze bietet eine so lange Nutzungszeit: Ein Baum erreicht seine volle Ertragskraft erst im Alter von 10–20 Jahren, kann diese dann aber über Jahrhunderte behalten. Selbst bis ins höchste Alter kann ein Ölbaum noch reichlich Früchte schenken. Die Anpflanzung eines Ölbaumes ist also eine Investition in die Zukunft, ein Erbe für nachfolgende Generationen. Bei all dem reichen Nutzen ist der Ölbaum die Genügsamkeit schlechthin: Etwas dünne Erde auf dem Kalkgestein, Wärme und der winterliche Regen reichen diesem bescheidenen Kulturbaum völlig aus.

Korfus Geschichte
Über die Frühgeschichte Korfus ist wenig zu berichten, Zeugnisse aus dieser Zeit sind äußerst spärlich. Erste Bedeutung erlangte die Insel erst im Jahre 734 v. Chr. mit der Gründung der Stadt Kerkyra auf der Halbinsel Analipsis durch Kolonisten aus Korinth. Die günstige Lage zwischen dem griechischen Festland und Italien am Ausgang der Adria bescherte der Stadt blühenden Handel und damit schnellen wirtschaftlichen Aufschwung. Bereits 664 v. Chr. führte der Drang nach Unabhängigkeit die Korfioten in eine Auseinandersetzung mit der Mutterstadt Korinth: In der ersten überlieferten Seeschlacht Griechenlands siegten die Korfioten und wurden, neben Korinth, die zweite bedeutende Seemacht des antiken Griechenlands. Doch die gewachsene Selbständigkeit und eigenständige Kolonisationspolitik Korfus brachten Rivaliät und immer neue Zwistigkeiten mit Korinth. Der andauernde Konflikt führte schließlich zum Peloponnesischen Krieg (431–404 v. Chr.). Er leitete den Niedergang der griechischen Stadtstaaten ein und ließ auch Korfu aufgrund von Bürgerkriegen stark geschwächt zurück. Es verlor seine Eigenständigkeit und fiel später an Makedonien, dann an Syrakus und 229 v. Chr. schließlich an das Römische Reich. Viele berühmte Römer wie Antonius mit Cleopatra, Cicero oder Nero kamen auf die Insel. Doch Korfu hatte seine ehemals weltpolitische Bedeutung verloren und diente den Römern vor allem als Flottenstützpunkt und Durchgangshafen zum Osten. Bei der Teilung des römischen Imperiums im Jahr 395 in das Ost- und Weströmische Reich fiel Korfu an Ostrom, das spätere Byzantinische Reich.
Viele Jahrhunderte war Korfu nun Spielball der damaligen Mächte und infolge von Verschiebungen der Machtverhältnisse immer wieder Überfällen und Besetzungen ausgesetzt. Die Venezianer kamen erstmals 1207 nach Korfu, konnten es aber nur bis 1214 halten. Danach gehörte Korfu in kurzer Folge zum Byzantinischen Reich (1214–1258, aus dieser Zeit stammt die Festung Angelokastro), zum normannischen Königreich Sizilien und ab 1267 zum Königreich Neapel unter der Herrschaft der Anjou. Unter deren unerbittlichen Herrschaft hatten die Korfioten lange zu leiden, bis sie Venedig um Hilfe und

Anschluß an die Adria-Republik baten. Diese konnten die Insel 1386 ohne Waffengewalt einnehmen und blieben diesmal über 400 Jahre, bis 1797.
Mit dem Aufstieg Venedigs zur Weltmacht erlebte auch Korfu eine Blütezeit; die Spuren dieser großen Vergangenheit sind bis heute in Korfu-Stadt allgegenwärtig. Denn die Venezianer prägten nicht nur durch die Anpflanzung der Olivenbäume die Landschaft Korfus: Die Stadt wurde erweitert, die mehrstöckigen Wohnhäuser und die zahlreichen Kirchen entstanden, und das Fort wurde zur mächtigen Festung ausgebaut. Italienisch wurde als Amtssprache eingeführt. Korfus Geschick wurde fortan zwar von Venedig bestimmt, doch die eigenen, inneren Angelegenheiten konnten die Korfioten selbstverwaltet regeln. Korfu war für Venedig von höchster Bedeutung als Handelsstützpunkt und Schutzbastion am Ausgang der Adria. Das geistige, wirtschaftliche und kulturelle Leben war stark von Venedig beeinflußt und konnte sich mannigfach entfalten. Kein anderes Gebiet Griechenlands weist ein so reichhaltiges kulturelles Erbe Venedigs auf.
In der venezianischen Zeit hat es nicht an osmanischen Eroberungsversuchen Griechenlands gefehlt. Doch einzig Korfu konnten die Türken – anders als das übrige Griechenland – niemals unter ihre Herrschaft bringen. So findet man auf Korfu auch nirgends Zeichen türkischen Einflusses, denen man auf anderen griechischen Inseln und dem Festland so häufig begegnet. 1537 wurde Korfu von starken türkischen Verbänden angegriffen. Die Festung konnten sie nicht einnehmen, doch sie zogen plündernd über die Insel. Zehntausende Korfioten wurden ermordet oder in die Sklaverei geführt. Bereits 1571 erfolgte ein weiterer Angriff, den die Türken jedoch nach wenigen Tagen abbrechen mußten. Angesichts der türkischen Bedrohung stellten die Venezianer eine starke Flotte aus italienischen und spanischen Schiffen zusammen. Diese lief von Korfu aus und besiegte im Golf von Patras die türkische Flotte. Auch als die Türken Korfu im Jahr 1716 belagerten, mußten sie erfolglos abziehen. Wieder einmal konnte Venedig, das inzwischen weite Teile Griechenlands an die Türken abtreten mußte, der ihr drohenden Gefahr bereits vor Korfu Einhalt gebieten. Maßgeblichen Anteil daran hatte der Deutsche Graf Johann Matthias von der Schulenburg. Er war von Venedig mit der Verteidigung Korfus beauftragt worden und stand mit nur 8.000 Soldaten einer türkischen Übermacht von mehr als 30.000 Mann gegenüber. Unerschrocken in den ersten Reihen mitkämpfend verteidigte er die Stadt, bis die Türken, zusätzlich von einem starken Unwetter zermürbt, aufgaben und abzogen. Für die Korfioten war dies natürlich auch ein Verdienst des Inselheiligen Spyridon. Schulenburgs Denkmal, schon zu seinen Lebzeiten errichtet, steht heute vor der Brücke zur Alten Festung.
1797 übergab sich Venedig kampflos dem Frankreich Napoleons, wodurch diesem auch Korfu und die Ionischen Inseln zufielen. Der Aufenthalt der Fran-

zosen war für Korfu jedoch nur ein kurzes Intermezzo; unterbrochen noch von einer kurzen Spanne, in der es unter russischem Protektorat war. Immerhin brachten die Franzosen Druckerpressen, gründeten Schulen und schufen – als bis heute sichtbarstes Zeichen ihrer Anwesenheit – die Arkadenzeile des Liston. Nach dem Abschied Napoleons von der politischen Weltbühne kamen 1814 die Engländer auf die Insel. Sie wurde bis 1864 von englischen Lordhochkommissaren als Kolonie verwaltet. Unter den Engländern entstand das gute Straßennetz Korfus, das Wasserversorgungssystem, das Justizwesen sowie eine Reihe öffentlicher Gebäude. Das bekannteste ist der St. Michael und St. Georg Palast, erbaut zwischen 1819 und 1823 aus maltesischem Sandstein. Er war Sitz des Lordhochkommissars, später dann Residenz der griechischen Königsfamilie und dient heute als Museum für Asiatische Kunst. 1864 wurde Korfu dann endlich griechisch. Im 2. Weltkrieg wurde Korfu zuerst von italienischen, dann von deutschen Truppen besetzt, bevor es 1944 von Engländern befreit wurde.

Korfus Altstadt im Überblick: im Vordergrund Esplanade und die Häuserzeile des Liston, im Westen begrenzt die Neue Festung den alten Stadtkern.

Ortschaften und Ausflugsziele

Korfu-Stadt: Erbe Venedigs

Ist Korfu schon aufgrund der üppigen Vegetation eine untypische griechische Insel, so wird dieser Eindruck durch Korfu-Stadt erst recht bestätigt. Halb Venedig, halb Griechenland, gewürzt mit ein paar markanten französischen und englischen Stilelementen – so präsentiert sich Kerkyra, wie die Stadt auch genannt wird, als Korfus Metropole mit vielfältigen europäischen Spuren.

Campiello-Viertel

Die Keimzelle der Stadt ist ein Labyrinth aus engen Gassen, Treppen und kleinen Plätzen. Hier ist die 400jährige Zugehörigkeit zu Venedig auf Schritt und Tritt wahrnehmbar. Das Viertel besteht zum überwiegenden Teil aus mehrgeschossigen Wohnhäusern mit hölzernen Fensterläden. Die oker-pastellfarbenen Anstriche wirken verwaschen und blättern stellenweise von den Fassaden, doch nirgends erscheint es ungepflegt. Vielmehr strahlt der Jahrhunderte alte Stadtkern eine ganz selbstverständliche Würde und intime Atmosphäre aus. Für Autos sind die Gassen Gott sei Dank viel zu schmal. Im Erdgeschoß befinden sich Wohnungen, keine Geschäfte. Die wenigen Läden sind auf den Bedarf der Bewohner, nicht auf die Touristen eingestellt. Die Wäsche ist zum Trocknen auf Seilzügen über die Gassen gespannt. Hier gibt es, inmitten dieser lebhaften Stadt, Winkel und Plätze, die wahre Oasen der Ruhe sind. Auf einem solcher reizvollen, kleinen Plätze steht der Kremasti-Brunnen aus dem Jahre 1699. Nur wenige Schritte von den belebten Straßen des Geschäftsviertels der Altstadt entfernt kann man Bereiche entdecken, die sich seit Jahrhunderten wohl kaum verändert haben.

Geschäftsviertel der Altstadt

Das Geschäftsviertel der Altstadt wird vom 1589 erbauten Campanile, dem Glockenturm der Agios Spiridon Kirche, überragt. Diese Kirche beherbergt die sterblichen Überreste des heiligen Spiridon, dem Inselheiligen und Schutzpatron von Korfu. Wer erlebt, wie selbst an Arbeitstagen ununterbrochen Gläubige die kleine Seitenkapelle mit dem silbernen Sarg betreten und die darin eingelassenen Bilder aus dem Leben des Heiligen küssen, versteht, welche Bedeutung und Verehrung St. Spiridon bis heute zuteil wird.
Neben dem Campanile sind die Arkadengänge des Liston an der Esplanade das markanteste Merkmal der Altstadt. Sie erinnern nicht von ungefähr an die Rue de Rivoli in Paris, stammen sie doch aus der Zeit des französischen Intermezzos. Die vornehme Häuserzeile mit den Arkaden ließ der damalige Gouverneur der Ionischen Inseln, Matthieu de Lesseps, errichten, dessen Sohn

Laden zum Bummeln und Entdecken ein: die kleinen Läden in der Altstadt (oben).

Venezianische Gassen im Cambiello-Viertel (unten).

Kaffee-Trinken unter den Arkaden des Liston gehört zum Besuch von Korfu-Stadt (rechte Seite).

Ferdinand als Erbauer des Suezkanals berühmt wurde. Hier reihen sich zahlreiche geschmackvolle Cafés übergangslos aneinander. Morgens kann man dort noch fast allein seinen Kaffee trinken, ab dem späten Vormittag sind die Cafés bereits gut besucht, und abends sind sie bester Logenplatz für das allabendliche Promenieren auf der Esplanade. Dann geht man hier auf und ab, unterhält sich, sieht und wird gesehen.
Östlich von den Arkadengängen schließt sich ein großer freier Platz an, die Esplanade. Ursprünglich standen auch hier Häuser, doch nach 1537 ließen die Venezianer diese einreißen, um ein freies Schußfeld vor der alten Festung zu haben.

Alte und Neue Festung
Entsprechend der strategisch wichtigen Lage Korfus am Ausgang der Adria hatten die Venezianer Korfu-Stadt zu einer der wichtigsten Bastionen ihres Imperiums ausgebaut. Ohne die Festungen hätte die Geschichte Korfus wohl einen anderen Verlauf genommen. So haben sich in den Jahren 1571 die Alte und 1716 auch die Neue Festung als Bollwerke gegen die türkischen Angriffe und Belagerungen der Stadt bewährt.
Große Teile des alten venezianischen Festungsgebäudes wurden durch zwei Explosionen der Pulverkammern in den Jahren 1718 und 1789 zerstört. Vor ihrem Abzug von der Insel sprengten die Engländer Teile beider Festungen. Auch wenn es daher innerhalb der Alten Festung heute wenig zu sehen gibt, lohnt sich der Besuch wegen der einmaligen Aussicht allemal. Die Anlage steht auf dem zweigipfeligen Hügel einer kleinen Halbinsel. Scharf vom Küstenverlauf abgegrenzt, schiebt sie sich nach Osten ins Meer. Sie wurde bereits Ende des 14. Jahrhunderts, als Korfu in den Besitz Venedigs überging, zu einer starken Festung ausgebaut. Im 16. Jahrhundert wurde der Verteidigungsgraben, der Contrafossa, ausgehoben, der die Halbinsel eigentlich zu einer kleinen Insel machte und seitdem nur noch über eine Brücke erreicht werden kann. Die Zugbrücke der Venezianer ist inzwischen einer neuen Steinbrücke gewichen. Heute dient der Wassergraben zahlreichen kleinen Booten als Liegeplatz. Bereits von den mächtigen Festungsmauern hat man einen ausgezeichneten Blick auf die Altstadt, die Neue Festung, den Hafen und weite Teile der Ostküste.
Die Neue Festung ist auch immerhin schon fast 400 Jahre alt, doch ihre grauen Mauern wirken noch so uneinnehmbar, wie sie es die Jahrhunderte über waren. Auf einem Hügel westlich der Altstadt errichtet, beherrscht die wuchtige Anlage den Hafen und die Altstadt. Da die Anlage zur Marine gehört, ist sie als Militärgebiet nicht vollständig zu besichtigen.

Die Neue Festung, trotz ihres Namens im 16. Jahrhundert entstanden, begrenzt die Altstadt im Westen.

Häuserfront an der Uferstraße Arseniou.

Paleokastritsa: von der Natur verwöhnt

An einem Küstenabschnitt, der landschaftlich zu den schönsten des ganzen Mittelmeeres zählen dürfte, liegt Paleokastritsa. Der Ort hat kein eigentliches Zentrum, sondern zieht sich zu beiden Seiten der Uferstraße entlang. Es reihen sich Hotels und kleine Appartements, Restaurants, Cafés und Bars, Auto- und Mopedvermietungen sowie Mini-Einkaufsmärkte und kleine Läden über mehrere Kilometer locker aneinander. Unterhalb der Uferstraße öffnen sich zum Süden hin drei größere Buchten: im Osten die Bucht von Liapades, die noch größtenteils außerhalb des Ortes liegt, dann eine kleeblattförmige Bucht, deren westliche Teilbucht (Alipa) besonders geschützt ist und als eigentlicher Hafen von Paleokastritsa genutzt wird, und schließlich am westlichen Ende des Ortes, am Fuße des Klosterberges, die Aghios Spyridon-Bucht. Nur noch zu Fuß zu erreichen und etwa 150 m von der Straße entfernt liegt die zum Westen hin offene Ambelaki-Bucht, in welcher sich die Tauchbasis Corfu-Diving befindet.

Das Kloster kann man, obwohl es recht klein ist und einsam auf dem dicht bewaldeten Hügel im äußersten Westen des Ortes liegt, gar nicht verfehlen. Die Straße führt bis oben hinauf und endet dort. Wer dennoch nicht auf Anhieb den rechten Weg findet, braucht bloß den Dutzenden Touristenbussen zu folgen, die sich mühsam die Serpentinenstraße hochquälen. Denn das Kloster ist ein Anziehungspunkt für sämtliche Touristengruppen der Insel. Für den einzelnen Besucher empfiehlt sich eine Besichtigung eher zum Abend hin, wenn der gröbste Zustrom abebbt. Die sonst auf Korfu übliche Toleranz gegenüber freizügiger Kleidung ist im Kloster etwas eingeschränkt: Frauen sollten ausreichende Beinbekleidung tragen. Wer zu unbedeckt daherkommt, wird am Eingang mit einem Wickeltuch versehen. Von oben hat man einen herrlichen Blick auf die schroffen seewärtigen Felswände des Hügels, die vorgelagerten Felsklippen sowie den „Bobby-Felsen". Einige Tauchgebiete lassen sich hier aus der Vogelperspektive überschauen. Im Kloster befindet sich eine Kirche mit landestypisch freistehendem Glockenturm. Im gegenüberliegenden Gebäudeteil mit Bogengang sind eine alte Olivenpresse sowie ein kleines Museum zu besichtigen. In diesem steht, eingerahmt von Ikonen, Bibeln und sakralen Gegenständen, skurrilerweise eine Vitrine mit den riesigen Wirbel- und Rippenknochen eines Wales. Das 1860 in Klosternähe angestrandete Tier wurde damals von der Bevölkerung für ein Seemonster gehalten.

Bergdörfer: fern aller Betriebsamkeit

Zweierlei sollte man auch während eines Tauchurlaubes nicht versäumen anzusehen: Korfu-Stadt und eines der abgelegenen Bergdörfer, in denen noch unverfälschtes korfiotisches Dorfleben herrscht. Bewegt man sich von den

Der beliebteste Strand von Paleokastritsa – die Ag. Spyridon-Bucht unterhalb des Klosters (oben).
Küstenlandschaft von Paleokastritsa: üppiges Grün, sanfte Berghänge, beeindruckende Steilküsten im Wechsel mit kleinen Buchten (unten).

Küstenstreifen zu einem Bergdorf im Landesinneren, erhebt man sich im wahrsten Sinne des Wortes über das turbulente Geschehen der Badeorte.

Liapades

Das alte Bergdorf weit oberhalb der gleichnamigen Bucht lohnt schon wegen der paar Restaurants, in denen man sehr gut und landestypisch essen kann. Folgt man der steil den Hang hinaufführenden Hauptstraße des Ortes, kommt man zu einem Dorfplatz wie aus dem Bilderbuch. Mit einem Olivenbaum in der Mitte und umgeben von der Dorfkirche und Tavernen ist er der lebendige Mittelpunkt des Ortes. Abends sitzen die Männer des Dorfes bis spät in die Nacht auf den Treppenstufen und Stühlen der Cafenions. Lediglich die Autos erinnern daran, in welcher Zeit man sich befindet.

Ano Korakiana

Am Südhang des Gebirgsriegels, der quer über den Nordteil der Insel vom Pantokrator im Osten bis Paleokastritsa im Westen verläuft, liegt das reizvolle, altertümliche Gebirgsdorf Ano Korakiana. Nur wer das Auto abstellt und spazierengeht, entdeckt die reizvollen Gassen mit den hübschen Bogengängen und Innenhöfen.

Sokraki

Die Straße von Ano Korakiana in Richtung Sokraki windet sich in einem schmalen Einschnitt des Gebirgshanges in immer enger werdenden Serpentinen innerhalb weniger Kilometer bis auf ca. 500 Meter Höhe empor. Die Fahrt mit einem Höhenunterschied von mehreren hundert Metern ist ebenso atemberaubend wie die Aussicht bis nach Korfu-Stadt und weit darüber hinaus in den Süden der Insel. Sokraki ist ein winziges, ursprüngliches Bergdorf. Der Kontrast zu den nahen, turbulenten Küstenorten könnte größer nicht ausfallen. Kaum verirrt sich ein Tourist hierher. Die Durchfahrtsstraße verbreitert sich an zwei Stellen zu kleinen Plätzen, an denen jeweils ein Lokal liegt. Diese sind teils Gemischtwarenladen, Dorftreffpunkt und Taverne. Die Schlichtheit und Ursprünglichkeit des Ortes sind von großem Reiz, und man sollte sie unbedingt mit etwas Zeit auf sich einwirken lassen.

Lakones

Eng schmiegt sich das alte Bergdorf an den Hang des Bergkammes oberhalb von Paleokastritsa. Der Weg dorthin führt den terrassierten Hang im Schatten der Olivenbäume hinauf, entweder über die kurvenreiche Straße oder über einen steilen Wanderpfad. Lakones wird nicht von ungefähr als Balkon des Ionischen Meeres bezeichnet. Der Aussichtspunkt Bella Vista bietet einen begeisternd schönen Ausblick auf die Küstenlandschaft von Paleokastritsa.

Malerische Straßen wie diese sind typisch für die Bergdörfer.

Erhaben über der Betriebsamkeit: das Bergdorf Lakones.

Die Buchten mit tiefblauem und türkisfarbenem Wasser, die dicht mit Oliven und Zypressen bedeckten Hügel und die schroffen, steilen Kalkfelsen gelten nicht nur bei den Korfioten als einer der beeindruckendsten Plätze des Mittelmeeres.

Angelokastro: eine Burgruine wie ein Adlerhorst
Von Lakones sind es nur ein paar Kilometer bis Krini. Von dort führt eine Straße südwärts zu einem allseits steil emporragenden Hügel. Auf dessen stumpfer Spitze erhebt sich die Ruine der Festung Angelokastro. Das letzte Stück hinauf muß zu Fuß über einen schmalen, steilen Pfad bewältigt werden. Von der ehemaligen Burg ist nicht mehr viel zu sehen, aber der Weg lohnt allein schon wegen des grandiosen Ausblicks und der mystischen Stimmung, die diesen Ort umgibt. Die ehemals byzantinische Festung wurde von den Venezianern zu der neben Korfu-Stadt wichtigsten Festung der Insel ausgebaut und erwies sich während der großen türkischen Eroberungsversuche als uneinnehmbares Bollwerk. Kaum vorstellbar, daß hier etwa 4.000 Menschen während einer Belagerung Schutz gefunden haben sollen. Bei einem Rundgang sieht man die alten venezianischen Zisternen, kleine Felsengräber, die erst 1784 errichtete Erzengel Michael und Gabriel Kapelle sowie, besonders eindrucksvoll, eine in den Fels geschlagene Höhlenkapelle mit Wohnzellen für die Mönche. Seewärts stürzt der Felsen über 330 m tief ins Meer hinab.

Pantokrator: der Allesbeherrscher
Dem „Allesbeherrscher", was Pantokrator übersetzt bedeutet, nähert man sich am besten von Spartilas kommend über Strinilas. Dort ist eine Abzweigung ausgeschildert, die ein ganzes Stück über eine Schotterpiste bergauf führt. Die Vegetation wird immer karger, die Landschaft zunehmend rauher und einem Steingarten ähnlicher. Von einem hochgelegen Plateau erhebt sich endlich der kleine Gipfel, auf dem ein Kloster thront. Beeindruckend ist die Aussicht über die gesamte Insel. Die Berge Albaniens wirken zum Greifen nahe. Getrübt wird die Idylle nur durch die riesigen Funkmasten und Antennen auf dem Gipfel. Vom Plateau unterhalb des Gipfels führt außer dem Weg nach Strinilas noch einer über Perithia und Loutses zur Nordküste. Diese gut 7 km lange Schotterpiste durch die verlassenste und unwegsamste Gegend Korfus ist jedoch größtenteils nur im Schrittempo zu befahren. Auto und Nerven werden gleichermaßen belastet. Empfehlenswerter ist der Weg zurück über Strinilas.

Buchten der Westküste: eingerahmt in Fels

Ag. Georgios

Eingestreut in die herbe Felslandschaft der Westküste liegen die schönsten Sandstrände der Insel, einige davon sind nur mit dem Boot zu erreichen. Im Nordwesten liegt Ag. Georgios (nicht zu verwechseln mit dem Strand gleichen Namens tief im Süden der Insel), eine große U-förmige Bucht mit langem, feinem Sandstrand. In den letzten Jahren hat die Bucht eine rasante Entwicklung erlebt, zahlreiche Häuser, Geschäfte, Cafés und Tavernen wurden recht unorganisch den Strand entlang gebaut, so schnell, daß der entstandene Ort noch auf keiner Karte eingezeichnet ist. Die Bucht wird eingerahmt von sanften Hügeln und bietet ideale Bedingungen für Badegäste, Segler und Surfer.

Hormus-Bucht

Südlich vom Kap Akr. Iliadoros liegt eine Bucht wie ein schmales Band vor einer grandiosen Felswand. Der Sand-/Kiesstrand ist nur vom Wasser mit dem Boot aus zu erreichen. Man kann sich von Paleokastritsa hinfahren und später wieder abholen lassen. Besonders beindruckend ist die am Nordende der Bucht wie Blätterteig geschichtete, senkrechte Steilwand.

Ermones

Die Bucht, an deren Strand Odysseus nach seinem Schiffbruch angespült worden sein soll, wird heute vom Ermones Beach Hotel beherrscht, einer modernen terrassenförmigen Ferienanlage. Eine Schienenbahn bringt die Gäste direkt zum Strand, an dem auch die Tauchbasis Ionian Divers untergebracht ist. Segeln und Windsurfen sind hier ebenfalls möglich.

Mirtiotissa

Wer es idyllisch mag, fahre nach Mirtiotissa, einem zwar bekannten, doch abgelegenen und wegen seiner wild-romantischen Kulisse beliebten Strand. Besonders FKK-Fans haben sich dieses Fleckchen auserkoren, wohl auch wegen seiner relativ schweren Zugänglichkeit über eine lange Sandpiste.

Glifada

Glifada ist weitaus leichter zu erreichen und gut versorgt mit allerlei Strandbetrieben: Cafés und Tavernen sowie Segel-, Surf- und Tretbootverleih reihen sich aneinander. Über allem ragt das Grand Hotel Glifada. Der in herrlicher Landschaft gelegene feine, kilometerlange Sandstrand ist auch bei Einheimischen sehr beliebt. So ist dieser ideale Sonnenanbeter- und Badestrand außerordentlich gut besucht bis völlig überlaufen.

Ag. Gordis

In der breiten Bucht mit langem, feinem Sandstrand liegt ein kleiner Ferienort mit zahlreichen Villen und Appartementhäusern. Die malerische, bogenförmige Bucht wird von zwei dicht bewaldeten Landzungen begrenzt, der südlichen vorgelagert ragt eine markante Felsspitze aus dem Meer. Direkt am Strand befindet sich die englischsprachige Tauchbasis Calypso Diving.

Panagia Theotokos, das Kloster von Paleokastritsa, ist klein, aber ausgesprochen schön: Die ganze Anlage besitzt eine interessante, harmonische Architektur und zeigt sich äußerst gepflegt.

Die Unterwasser-Welt

Die Ostküste

Entsprechend den geologischen Gegebenheiten bildet die flach auslaufende Ostküste Korfus die geschützte, eher liebliche Seite. Sie ist gekennzeichnet durch Sand- und Kiesstrände sowie durch Felsbereiche, die mit sanfter Neigung ins Meer reichen. Seit jeher befinden sich hier die geschützten Buchten. Vor allem der Hafen von Korfu-Stadt ist der einzige, auch im Winter wirklich sichere Liegeplatz. In dem flachen Gürtel zwischen Korfus Osten und dem Festland, der auch Korfiotisches Binnenmeer genannt wird, herrschen Sandgrund und Seegraswiesen vor. Die Ostküste bietet dementsprechend nur wenige attraktive Tauchplätze. Von den fünf Tauchbasen auf Korfu liegen zwei an der Ostküste. Eine fährt lediglich drei bis vier Tauchplätze an, die andere bringt ihre Gäste teilweise mit dem Auto zur Westküste. Demgegenüber stehen den drei Tauchbasen auf der Westseite eine Vielzahl abwechslungsreichster Tauchgebiete zur Verfügung: Etwa 50 Tauchplätze werden hier regelmäßig angefahren.

Die Westküste

Ganz anders als die Ostküste präsentiert sich die Westküste von Korfu. Hier wird das Bild bestimmt von schroffen Felsküsten und beeindruckenden Steilwänden. Abgesehen von den großen, bekannten Sandstränden sind in den ausgedehnten Kalkfelsen viele kleine, sehr schmale Sandstreifen eingelagert. Oft sind diese nur von der Seeseite her zugänglich.

Die Tauchplätze vor der Westküste liegen daher fast ausnahmslos in reich gegliederten Felsgebieten. Sie sind geprägt von vielfältigen, teilweise bizarren Formationen. Hier setzt sich unter Wasser fort, was schon an Land den Betrachter fesselt: eine zerklüftete Felsenwelt mit steilen Wänden, tiefen Einschnitten und kleinen Höhlen. Stellenweise fallen die Felswände senkrecht oder stark geneigt bis auf 40 Meter und tiefer ab, bevor sie am Sedimentboden enden. In flacheren Bereichen gehen die Felsküsten meist in ausgedehnte Blockfelder über. Hier erinnert die Unterwasserszenerie an einen verwilderten Steingarten, gebildet aus kleinem Geröll, großen Steinblöcken und einzelnen, haushohen Felsbrocken. Die besonnten Seiten der größeren Felsblöcke sind von verschiedenen Algen bewachsen.

Besonders die Unzahl kleinerer Zerklüftungen, die Arkaden, Überhänge, Durchbrüche, Torbögen, Spalten und Löcher versprechen erlebnisreiche Tauchgänge: Hinter jedem Vorsprung, nach jeder Biegung gibt es Neues zu entdecken, tun sich überraschende Perspektiven auf. Gebiete solcher Beschaffenheit bieten naturgemäß vielfältigsten Tier- und Pflanzengesellschaften

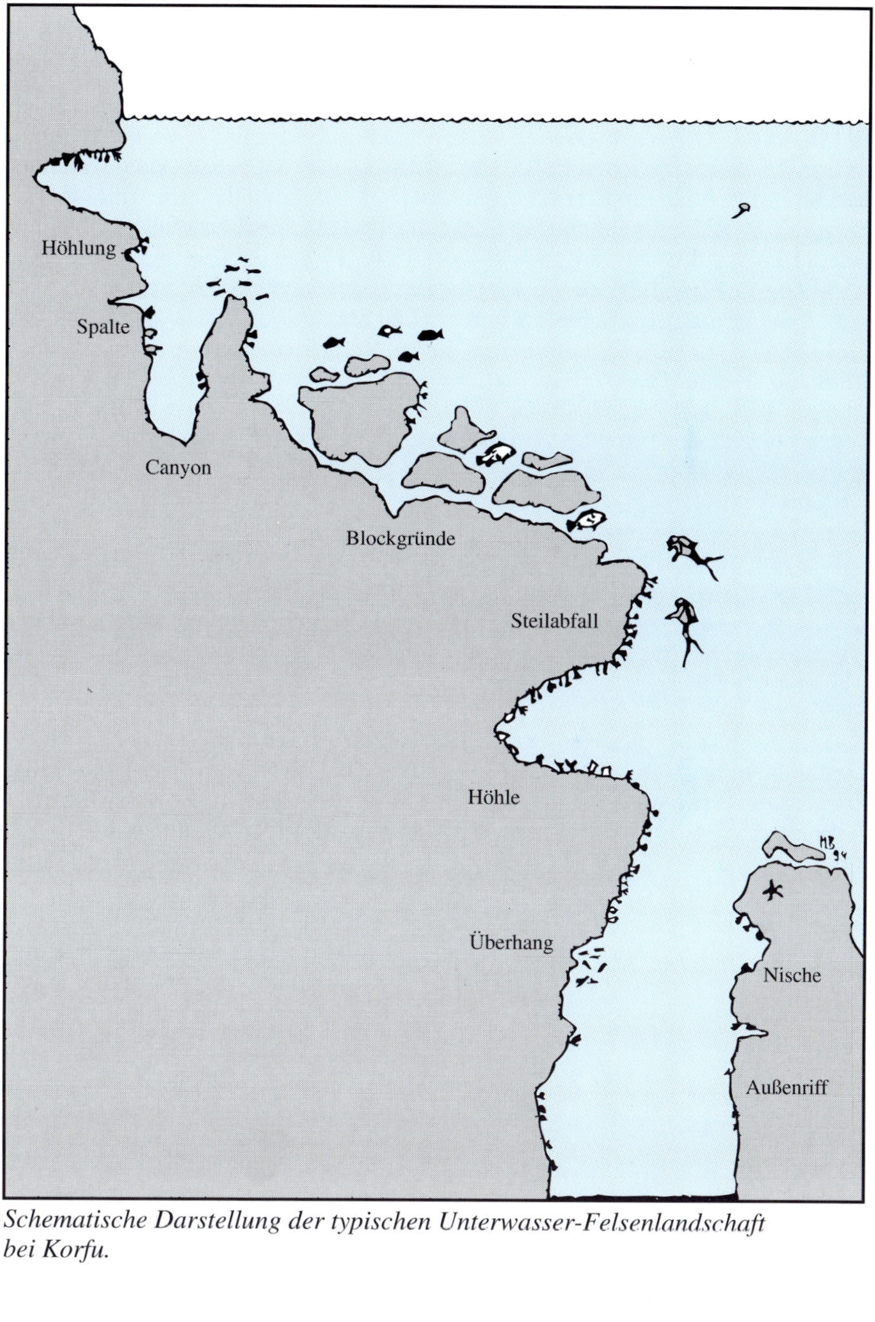

Schematische Darstellung der typischen Unterwasser-Felsenlandschaft bei Korfu.

Lebensraum. Sie gehören damit nicht nur ihrer bizarren Architektur wegen zu den interessantesten und abwechslungsreichsten Tauchgebieten. Die stark gegliederten Hartgründe bieten auch ideale Siedlungsbedingungen für eine große Zahl festsitzender Tiere. Auf engstem Raum wechseln stark besonnte mit beschatteten Felspartien, exponierte, beströmte Bereiche mit Stillwasserzonen. Die verschiedenen Lebensformen können hier im wahrsten Sinne des Wortes auf Fels bauen: Erst diese dauerhafte, beständige Unterlage ermöglicht es vielen Arten, zu siedeln und zur vollen Pracht heranzuwachsen. Gleichzeitig finden zahlreiche frei bewegliche Tiere, Fische ebenso wie Wirbellose, zwischen den zerklüfteten Felsen Nahrung und Versteckmöglichkeiten. Auf den stark besonnten Felsoberseiten breiten sich Algen aus und können das Gestein flächendeckend bewachsen. Schattenliebende Tiere, die sonst erst in größeren Tiefen anzutreffen sind, bilden im Schutz von Überhängen und Spalten bereits im Flachwasser einen bunten Aufwuchs. Die Formen- und Farbenvielfalt der festsitzenden Tiere macht einen ganz eigenen Reiz dieser Lebensräume aus.

Bewohner der Felsenwelt

Im folgenden werden einige für die Felsenwelt charakteristische Bewohner vorgestellt, die in den Tauchgebieten regelmäßig beobachtet werden können. Tiergruppen und -arten, die durch Fettdruck hervorgehoben sind, werden in jeweils eigenen, folgenden Abschnitten ausführlicher beschrieben.

Mönchsfische

Schon in geringer Wassertiefe, insbesondere an Steilabfällen und Felsvorsprüngen, haben Schwärme von Mönchsfischen *(Chromis chromis)* ihr Revier. Durch die ständige Bewegung der Einzeltiere, die nach Plankton im Wasser schnappen, vermittelt der Schwarm ein äußerst quirliges und lebendiges Bild. Auch wenn die Mönchsfische scheinbar ungebunden im freien Wasser herumschwimmen, ist ihre Lebensweise doch mit der Felsenwelt verbunden. Sie entfernen sich niemals weit von den Felswänden, und bei Gefahr suchen sie stets dort Schutz. Hier laichen sie auch ab und bewachen die Brut bis zum Schlüpfen der Jungfische. Diese sind leuchtend kobaldblau gefärbt. Die Jungtiere trauen sich noch nicht so weit ins Freiwasser hinaus wie die Erwachsenen, sondern stehen in kleinen Gruppen dicht vor geschützten Felsbereichen wie kleinen Spalten und Höhlungen.

Fahnenbarsche

Typisch für tiefere Felswände unterhalb von 25 Meter Tiefe ist der Rote Fahnenbarsch *(Anthias anthias)*. Hier steht er meist in kleinen Gruppen vor Spalten und Kleinsthöhlen, in die er sich bei Störungen schnell zurückzieht.

Als Kleintierfresser ernährt er sich von kleinen Fischchen und Krebstieren. Der Rote Fahnenbarsch entfernt sich nie weit von der schützenden Felswand. Unverwechselbar ist der ausgesprochen schöne Fisch schon durch die tief eingeschnittene, sichelförmige Schwanzflosse sowie die langen, schmalen Bauchflossen.

Schleimfische

Auch die meisten Schleimfische trifft man bevorzugt in sehr geringen Wassertiefen an. Ihre hochliegenden Augen, die steile Stirn und die bei vielen Arten vorhandenen Kopftentakel geben ihnen ein unverwechselbares Profil. Durch ihr neugierig anmutendes Verhalten erfreuen sie sich außerdem besonderer Beliebtheit: Wer sie während eines Tauchganges mal eine Weile beobachtet, ist nur allzugern bereit, sie mit menschlichen Attributen wie pfiffig, keck und vor allem neugierig zu belegen. Bei Annäherung eines Tauchers verschwinden diese bodenlebenden Fischchen meist blitzschnell in ein nahegelegenes Schlupfloch im Gestein. Geschickt fädeln sie sich rückwärts in ihre engen Unterschlüpfe. Aber sofort darauf strecken sie den Kopf auch schon wieder heraus, um die Lage zu sondieren. Meist hält es sie auch gar nicht lange in ihrem Schlupfwinkel. Schleimfische schwimmen niemals durchs freie Wasser, vielmehr „rutschen" sie mit schlängelnden Bewegungen direkt über den Felsboden. Ungestört verharren sie auf einem Fleck, wobei sie sich mit den Bauchflossen abstützen. Ihren deutschen Namen haben sie wegen der kräftigen Schleimschicht, die den Körper anstelle von Schuppen schützt. Zu den häufigsten Arten in den Tauchgebieten Korfus gehören der Gestreifte Schleimfisch *(Parablennius rouxi)* und der Geweihschleimfisch *(Parablennius gattorugine).*

Meerbarbenkönig

Vor den zahlreichen Felsspalten sowie den Hohlraumsystemen der Blockgründe hält sich tagsüber der Meerbarbenkönig *(Apogon imberbis)* versteckt. Er ist wesentlich zahlreicher, als man es zunächst vermuten würde. Im Mittelmeer ist er der einzige Vertreter seiner Familie, der Kardinalbarsche. Gerade zur Fortpflanzungszeit im Sommer lohnt es sich besonders, die scheuen Fische mit etwas Geduld zu beobachten. Paarweise besetzen sie dann kleine, schattige Reviere. Nach der Balz und der Befruchtung bewahren die Männchen die zu einem Klumpen zusammengeballten Eier bis zum Schlüpfen der Jungtiere im Maul auf.

Drachenköpfe

Besonders zahlreich um Korfu sind Drachenköpfe. Trotz ihrer hervorragenden Tarnung kann man während eines Tauchgangs oft gleich über ein Dutzend

Neugierig und unverwechselbar ist der Geweihschleimfisch (Parablennius gattorugine), mit über 20 cm Länge der größte Schleimfisch (oben). Mönchsfische (Chromis chromis) gehören zu den typischen Fischen der Felsküsten (unten).

Ein kleines Juwel! Erst ab etwa 25 Meter Tiefe, dann aber regelmäßig, trifft man den Roten Fahnenbarsch (Anthias anthias) dicht vor Steilhängen an (oben).

Der Meerbarbenkönig (Apogon imberbis) lebt tagsüber versteckt in schattigen Felsbereichen (unten).

dieser urtümlich ausschauenden, bodenbewohnenden Fische entdecken. Etwas Übung gehört allerdings dazu, denn Drachenköpfe können sich farblich ihrer Umgebung anpassen. Besonders gerne sitzen sie in Felsnischen, unter Überhängen und in Höhleneingängen, wo sie sich auch an senkrechten oder überhängenden Wänden halten können. Spätestens wenn sie aufgescheucht werden, nimmt der Taucher verblüfft wahr, daß unmittelbar vor ihm ein Drachenkopf gesessen hat. Selbst in solch einer Situation schwimmen diese Fische jedoch nicht weit weg. Meist lassen sie sich nur knapp einen Meter weiter wieder zu Boden sinken. Sie können sich diese Trägheit leisten, vertrauen sie zu ihrem Schutz doch nicht auf schnelle Flucht, sondern auf ihre Giftigkeit. Rücken-, Bauch- und Afterflossen sind zum Teil mit giftführenden, spitzen Flossenstrahlen ausgestattet. Diese Waffen werden jedoch ausschließlich zur Verteidigung eingesetzt. Fühlen sie sich bedroht, stellen sie die Stachelstrahlen der Rückenflosse auf. Ihre Jagdstrategie ist die eines Lauerjägers: Nähert sich ihm ein ahnungsloses Opfer, zum Beispiel ein Fisch oder Krebs, stößt der gerade noch reglos abwartende Drachenkopf blitzschnell vor. Die Beute wird dabei einfach in das weit aufgerissene Maul eingesaugt.

Zackenbarsche
Zu den eindrucksvollsten Fischen gehören sicherlich die großen **Zackenbarsche,** insbesondere der Braune Zackenbarsch *(Epinephelus marginatus).* Ausgewachsen stellen diese Tiere die größten Bewohner der Felsenwelt dar. In geringen Wassertiefen halten sich jedoch nur die kleineren Exemplare auf, die älteren ziehen sich in größere Tiefen zurück. Wesentlich leichter lassen sich da schon die kleineren Sägebarsche *(Serranus cabrilla)* und Schriftbarsche *(Serranus scriba)* beobachten. Letztere sind leicht an dem blauen Bauchfleck und den an arabische Schriftzeichen erinnernden Linien auf den Wangen zu erkennen. Sie halten sich eher in flacheren Bereichen dicht über algenbewachsenem Felsgrund auf. Sägebarsche trifft man dagegen besonders häufig unter geschützten Überhängen und in kleinen Höhlungen an.

Muränen
Tagsüber halten sich **Muränen** versteckt in Spalten und Löchern auf. Sie sind standorttreue, nachtaktive Räuber. Ganz im Gegensatz zu ihrem aggressiven Ruf sind sie scheu und ziehen sich bei Störungen meist weiter in ihren Unterschlupf zurück. Wie Zackenbarsche sind sie besonders von der Harpunenjagd bedroht, so daß sie in flacheren Bereichen eher selten geworden sind.

Lippfische und Papageifische
In den gesamten Felsgebieten recht häufig und auffällig sind dagegen verschiedene, für das Mittelmeer recht farbenfrohe **Lippfische.** Zu den

Allgegenwärtig in den Tauchgebieten Korfus: der Madeira-Drachenkopf (Scorpaena maderensis).

bekanntesten zählen der Meerpfau *(Thalassoma pavo)* und der Meerjunker *(Coris julis)*. Beide schwimmen zwar relativ schnell und pausenlos umher, lassen sich aber dennoch gut beobachten. Etwas exotisch in dieser Umgebung erscheint der Seepapagei als der einzige Mittelmeer-Vertreter aus der Familie der **Papageifische**. An der Westküste Korfus wurde der Seepapagei *(Sparisoma cretense)* in den letzten Jahren zunehmend häufiger und kann inzwischen an praktisch allen Tauchplätzen beobachtet werden.

Stachelhäuter
In den Tauchgebieten trifft man in allen Tiefen neben Seeigeln und Seegurken verschiedene Arten von **Seesternen.** Sehr häufig sind der Purpurseestern *(Echinaster sepositus)* und der Rotviolette Seestern *(Ophidiaster ophidianus)*. Etwas seltener trifft man den Eisseestern *(Marthasterias glacialis)* sowie den Dornenseestern *(Coscinasterias tenuispina)* an. Besonders schön ist der seltenere, in den Tauchgebieten jedoch immer wieder zu beobachtende Randplatten-Polsterseestern *(Sphaerodiscus placenta)*. Auch Federsterne sind, obwohl insgesamt selten, an einigen Tauchplätzen reichlich vertreten.

Krebstiere
Zurückgezogen in den zahlreichen Spalten und Höhlungen entdeckt man tagsüber große Krebse. Langusten verraten sich meist durch ihre aus den Felswänden herausragenden, langen Antennen. Die Wollkrabbe *(Dromia personata)*, der Bunte Springkrebs *(Galathea strigosa)* sowie verschiedene Bärenkrebse halten sich gerne in Höhlen auf und können schon im Eingangsbereich beobachtet werden. Hier kann man auch die Runzelige Seespinne *(Herbstia condyliata)* und die Große Felsgarnele *(Palaemon serratus)* antreffen sowie die Einhorngarnele *(Pleisionika narval)*, die in einigen Höhlen in beeindruckend großen Schwärmen auftritt. Nicht verstecken müssen sich dagegen die **Einsiedlerkrebse.** Auch tagsüber sieht man sie durch die Felsgebiete vagabundieren.

Weichtiere
Das Auftreten von **Kraken** in den Tauchgebieten ist deutlich abhängig von der Jahreszeit; mal kann man bei einem Tauchgang ein gutes Dutzend entdecken, zu anderen Zeiten ist man froh, überhaupt einem zu begegnen. Zu allen Zeiten hat man jedoch beim Nachttauchgang größte Chancen, diese interessanten Tiere zu beobachten.
Wahre Schönheiten sind die farbenprächtigen **Nacktschnecken.** Als Nahrungsspezialisten findet man sie häufig auf Schwämmen oder Hydrozoenkolonien. Wer einen Blick für das Detail hat, der wird in den Felsgebieten immer wieder neue Vertreter dieser faszinierenden Tiere entdecken. Zu

Namensgeber für das Porzellan: Kaurischnecken (ital.: porcellino); hier die Braune Kauri (Cyprea lurida) (oben).
Ein großer Schwarm Einhorn-Garnelen (Pleisionika narval) zieht an einer Höhlenwand entlang (unten).

Der Große Bärenkrebs (Scyllyrides latus) hält sich tagsüber gut verborgen in unzugänglichen Spalten des Felsgebietes auf (oben).
Wie viele Krebstiere geht auch der Kleine Bärenkrebs (Scyllarus arctus) nachts auf Nahrungssuche (unten).

Schön, scheu und selten: der Bunte Springkrebs (Galathea strigosa).

Die Wollkrabbe (Dromia personata) ist regelmäßig in den zahlreichen Höhlungen anzutreffen.

bestimmten Zeiten treten Seehasen, nahe Verwandte der Nacktschnecken, gehäuft auf. Sie leben in algenbewachsenen Felsgebieten und sind reine Pflanzenfresser. Zur Fortpflanzung vereinen sich oft mehrere Tiere und bilden regelrechte Paarungsketten. Unvergeßlich ist es, diese großen Schnecken beim Schwimmen, oder anschaulicher ausgedrückt, im Fluge zu erleben.
Eher versteckt in Spalten und Höhlen halten sich Porzellanschnecken auf. Seit jeher üben sie eine große Anziehungskraft auf den Menschen aus und beflügeln die Phantasie. Kaurischnecken, wie sie auch genannt werden, dienten als Amulette, Fruchtbarkeitssymbole, Schmuck und im pazifischen Raum als Geld, was einer hierfür verwendeten Schnecke den Artnamen *moneta* einbrachte. Der Name Kauri, im Englischen Cowri, kommt aus dem Indischen und bedeutet Schneckenschale. Der deutsche Name Porzellanschnecke kommt vom italienischen porcellino, was kleines Schweinchen bedeutet. So wurden die mediterranen Arten im Mittelalter genannt. Als das erste Porzellan aus China nach Europa kam, wurde es wegen seiner Ähnlichkeit mit den Schneckenschalen nach diesen benannt. Am häufigsten ist auf Korfu die Braune Kauri *(Cyprea lurida)* zu sehen, seltener dagegen die Variable Kauri *(Cyprea spurca)*.
Der Bewuchs der Felsen durch festsitzende Tiere macht einen besonderen Reiz dieser Tauchgebiete aus. An Schattenwänden, in engen Spalten, in Höhleneingängen und unter Überhängen sowie an Unterseiten von Felsen der Blockhalden findet sich eine überraschend farbenfrohe Lebensgemeinschaft. Sie setzt sich überwiegend aus Schwämmen, Korallen, Moostierchen und Seescheiden zusammen. Bemerkenswert ist das Vorherrschen roter und gelber Farbtöne. Die Farbenpracht dieser Schattenwelt steht in krassem Gegensatz zum grünlich-gräulichen Gesamteindruck der lichtdurchfluteten Bereiche.

Schwämme

Besonders artenreich und mit teilweise großen, auffälligen Exemplaren sind die Schwämme vertreten. Während sie auf den stark besonnten Felspartien der Algenkonkurrenz nicht gewachsen sind, entwickeln sie sich in Schattenbereichen zur vollen Größe und Pracht. Sie können weit in dunkle, geschützte Bereiche vordringen, da sie bis zu einem gewissen Maße unabhängig von der Wasserströmung sind. Mit speziellen Zellen, den Kragengeißelzellen, erzeugen sie sich einen eigenen Wasserstrom, aus dem sie Nahrung herausfiltrieren. Schwämme stellen äußerst leistungsfähige kleine Pumpwerke dar: Ein Schwamm von 1 Liter Volumen kann mehrere hundert Liter Wasser am Tag durch seinen Körper pumpen.

Moostierchen

Schattenliebend sind auch die hübschen strauch- oder bäumchenförmigen

Kolonien einiger Moostierchen. Dazu gehören die zerbrechlichen Kolonien des Geweihmoostierchen *(Smittina cervicornis)* oder die der Trugkoralle *(Myriapora truncata)*. Letztere werden häufig mit der Edelkoralle verwechselt. Besonders filigran ist der rosettenförmige Neptunsschleier *(Reteporella couchii)*.

Steinkorallen
Auch einige Steinkorallen siedeln bevorzugt in beschatteten Bereichen. Die auffälligste ist die Gelbe Steinkoralle *(Leptopsammia pruvoti)*. Sie trägt oft maßgeblich zum farbintensiven Erscheinungsbild der Höhlen und Durchgänge bei. An Decken kann sie größere Flächen bestandsbildend besiedeln und ihnen einen leuchtend gelben Anstrich verleihen.

Seescheiden
Von den Seescheiden fällt vor allem die attraktive Rote Seescheide *(Halocynthia papillosa)* auf. Sie gehört zu den größten Arten und siedelt bevorzugt an lichtarmen Felspartien.
Die vielfältigen Schattenplätze haben mit Sicherheit eine Menge zu bieten. Neugier wird hier fast immer belohnt! Gerade diese Schatten-Lebensgemeinschaften brauchen sich in ihrer Farbenpracht hinter der Buntheit tropischer Korallenriffe keineswegs zu verstecken.

Behäbige Blitzstarter: Zackenbarsche

Der „Liebling“ der Taucher ist sicher der Braune Zackenbarsch *(Epinephelus marginatus)*. Sein Revier sind die reich gegliederten Areale der Felsküsten, denn nur hier findet er genügend Versteckplätze in Form von Höhlen und Spalten. Mit einer Größe bis zu 150 cm ist er einer der imposantesten Fische des Mittelmeeres. Gerade solche kapitalen Vertreter zeigen sich aber als besonders vorsichtig und lassen sich nur aus angemessener Entfernung beobachten. Zackenbarsche sind standorttreue Tiere. In ihrem Revier, welches sie gegen Artgenossen verteidigen, haben sie stets mehrere Ruhe- und Versteckplätze. Tagsüber halten sie sich dicht über dem Boden stehend in der Nähe ihres Unterschlupfes auf. Fühlen sie sich gestört – z. B. von Tauchern –, ziehen sie sich in den Schutz ihrer Wohnhöhle zurück. Werden sie weiter bedrängt, verkriechen sie sich selbst innerhalb dieser Höhle noch in engste Spalten. Wer also den Braunen „Zacki“ beobachten will, sollte sich ihm behutsam nähern und einen gewissen Abstand wahren. Erst mit der Dämmerung werden diese Räuber aktiv und gehen auf Jagd. Sie ernähren sich von Krebs- und Weichtieren, z. B. Tintenfischen, aber auch von kleinen Fischen. Ihre Jagdstrategie ist das Überrumpeln durch blitzartiges Vorstoßen. Als Beschleunigungsspezialisten sind sie dagegen für eine ausdauernde Verfolgungsjagd nicht zu haben.

Schwämme wie dieser Orangefarbene Hornschwamm (Agelas oroides) sorgen für Farbenpracht in schattigen Felsbereichen (oben). Die Trugkoralle (Myriapora truncata) gehört zu den Moostierchen. Aufgrund ihrer korallenartigen Kolonie wird sie häufig mit der Edelkoralle verwechselt (unten).

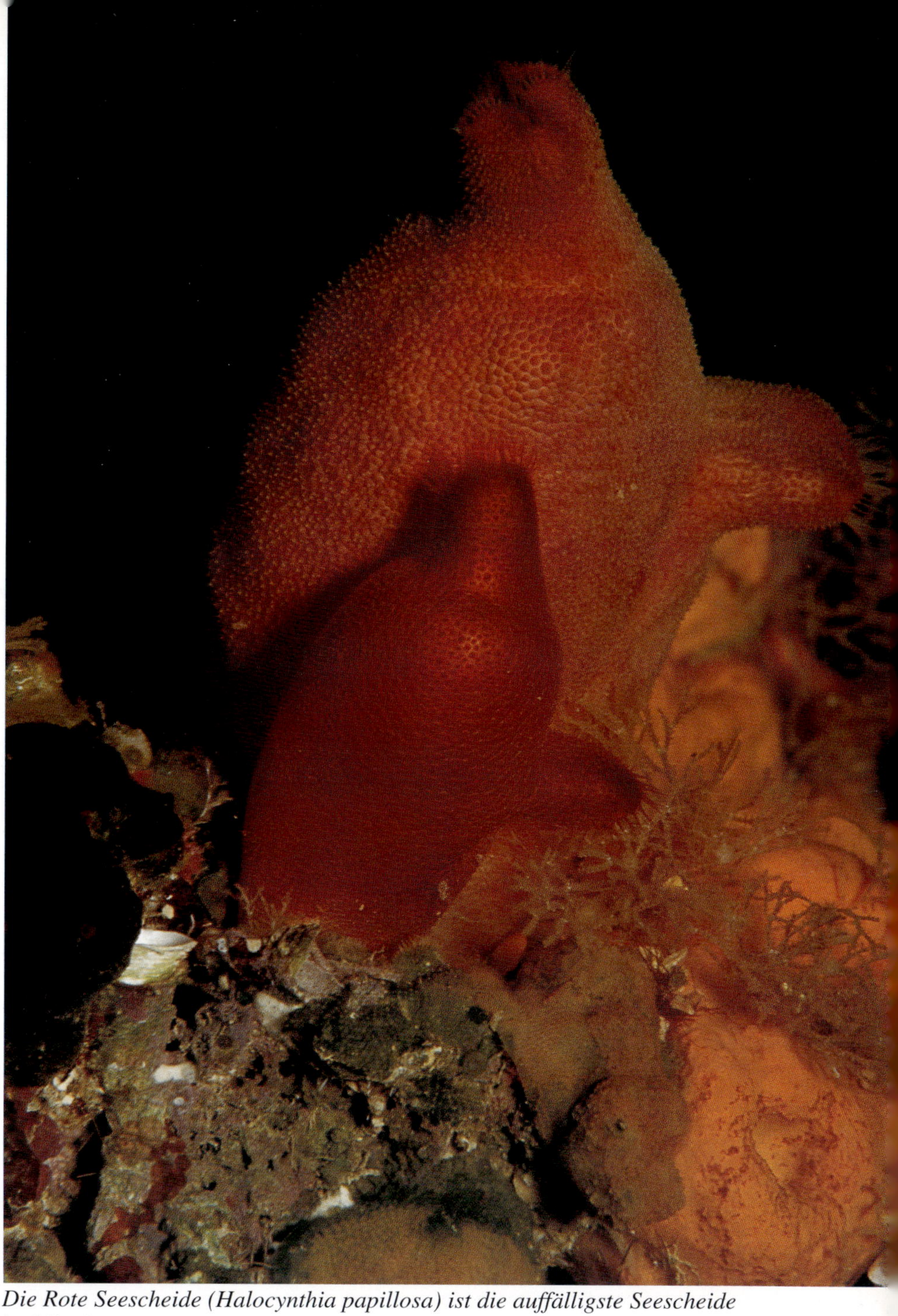

Die Rote Seescheide (Halocynthia papillosa) ist die auffälligste Seescheide im Mittelmeer.

Zur Fortpflanzungszeit trifft man den Zackenbarsch auch paarweise an. Im Laufe seines Wachstums macht der Braune Zackenbarsch einen Wechsel vom zunächst weiblichen zum männlichen Geschlecht durch. Bei großen Exemplaren handelt es sich daher stets um männliche Tiere. Jungtiere besitzen eine auffällige gelblich-grüne Marmorierung auf braungrünem Grund. Im Alter werden die Flecken undeutlicher und die Färbung insgesamt dunkler. Dann macht er seinem wissenschaftlichen Gattungsnamen *Epinephelus* Ehre. Dieser kommt aus dem Griechischen und bedeutet „der Bewölkte".
Auf Korfu trifft man gelegentlich auch den nächsten Verwandten des Braunen Zackenbarsches, den Spitzkopf-Zackenbarsch *(Epinephelus costae)*. Dieser erreicht ebenfalls bis zu 150 cm Länge, hat aber einen deutlich schlankeren Körperbau; als Jungtier hat er eine auffällige hellbraune Längsstreifung auf grünlichem Grund.
In den Tauchgebieten um Korfu können beide Arten regelmäßig beobachtet werden. Dies sollte aber nicht darüber hinwegtäuschen, daß diese prächtigen Fische im gesamten Mittelmeer selten geworden sind. Insbesondere die großen Exemplare sind lokal sogar verschwunden oder haben sich in größere – für den Taucher nicht erreichbare – Tiefen zurückgezogen. Durch die intensive Jagd reagieren Zackenbarsche sehr scheu auf den Menschen. Gerade der Rückzug in tieferes Wasser dürfte jedoch für viele „Zackis" die Rettung vor Harpunettis bedeuten, die in diesen beeindruckenden Tieren lediglich eine besonders große und daher begehrenswerte Trophäe sehen.

Gut für Greuelmärchen: Muränen

Muränen gehören zur Ordnung Aalartige und besitzen einen schlangenförmigen, aber seitlich leicht zusammengedrückten Körper. Ihre schuppenlose Haut ist ledrig-dick und von einer starken Schleimschicht geschützt. Auch das Fehlen von Brust- und Bauchflossen, vor allem jedoch ihre schlängelnde Fortbewegung rufen Erinnerungen an Schlangen wach.
Muränen sind standorttreue Räuber. Tagsüber ruhen sie zurückgezogen in ihren Unterschlüpfen, den Löchern und Spalten der Felsgebiete. Meist schaut nur ihr Kopf oder vorderer Körperteil heraus. Erst mit Einbruch der Dunkelheit werden sie aktiv. Dann verlassen sie ihre Schlupfwinkel zur nächtlichen Jagd auf Fische, Krebse und den Octopus. Muränen verschlingen ihre Beute meist als Ganzes. Entsprechend dienen die spitzen, leicht nach hinten gebogenen Zähne nur dem Festhalten der Beute. Auch die glitschigen Krakenarme können diesen Fangzähnen nicht mehr entschlüpfen. Die relativ kleinen Augen zeigen schon, daß sich Muränen bei ihrer nächtlichen Jagd mehr auf ihren empfindlichen Geruchssinn verlassen. Ein auffallendes Merkmal in diesem Zusammenhang sind die zylindrischen Hautausstülpungen, welche die vorderen Nasenlöcher umgeben.

Mit etwas Geduld läßt sich der Sägebarsch (Serranus cabrilla) aus nächster Nähe beobachten (oben).
In Korfu noch regelmäßig anzutreffen, aber scheu – der Braune Zackenbarsch (Epinephelus marginatus) (unten).

Ähnlich wie bei den Zackenbarschen trifft man von der Mittelmeer-Muräne *(Muraena helena)* in geringen Wassertiefen meist Jungtiere an. Die größeren, bis zu 1,5 Meter messenden Exemplare haben sich in den meisten Gebieten in größere Tiefen zurückgezogen. Denn Muränen sind scheue Tiere, die bei wiederholter Störung ihre Standorte verlassen. Vor allem aber werden sie in vielen Teilen des Mittelmeeres durch rücksichtsloses Harpunieren bedroht.
Muränen haben es nicht leicht, Sympathien zu erwerben. Zu sehr erinnert ihre Gestalt an Schlangen, zu tief sitzen die Vorurteile, geschürt von ebenso falschen wie reißerischen Horrormärchen, in denen sie als freßgierige, hinterhältige Bestien dargestellt werden, die selbst über ahnungslose Taucher herfallen. Dies sind groteske Übertreibungen. Auch die angebliche Angriffslust, derer sie immer wieder bezichtigt werden, entspricht nicht der Erfahrung von Tauchern. Bedrängt man jedoch eine Muräne in ihrem Schlupfloch, indem man mit der Hand darin herumstochert, kann sie selbstverständlich zubeißen. Das würden viele Tiere tun und hat mit Angriffslust nichts zu tun, sondern ist letztes Mittel der Verteidigung. Auch bei Fütterungsversuchen kann die Muräne eine Hand mit dem Futter verwechseln, und wenn sie harpuniert wird, beißt sie natürlich in Todesangst um sich. Man sollte daher bei den wenigen, tatsächlich vorgekommenen Bißverletzungen einmal hinterfragen, wie es denn dazu gekommen ist.
Ob eine Muräne nun schön ist oder nicht, darüber kann man sich streiten. Unsere Furcht und Abneigung jedenfalls ist unbegründet, vielmehr haben sie unseren Respekt verdient. Denn wer sie unvoreingenommen betrachtet, wird feststellen, daß es äußerst elegante Tiere sind, mit muskulösem Körper und geschmeidigen Bewegungen.

Brustschwimmer im Dauereinsatz: Lippfische

Im Mittelmeer sind ca. 20 Arten dieser großen Fischfamilie beheimatet. Das Hauptverbreitungsgebiet der insgesamt über 600 Lippfisch-Arten liegt jedoch in tropischen Riffen. Mit dem Vordringen in die gemäßigten Breiten tragen sie einen Teil der Farbenpracht tropischer Gewässer ins Mittelmeer hinein. Denn Lippfische sind meist lebhaft gefärbt, und entsprechend stellen die mediterranen Arten einige der farbenfrohesten Fische des Mittelmeeres dar. Es sind durchweg kleine bis mittelgroße Fische, die algenbewachsene Felsgründe bewohnen. Sie haben einen kräftigen, gestreckt-ovalen Körper und eine lange, durchgehende Rückenflosse. Lippfische haben ein kleines, vorstreckbares Maul mit kräftigen Fangzähnen und starken, zu einer Kauplatte verwachsenen Schlundzähnen. Damit können sie ihre hartschalige Nahrung wie Krebse, Schnecken und Muscheln zermahlen. Lippfische haben einen sehr eigenwilligen Schwimmstil entwickelt: Durch gleichzeitiges und gleichmäßiges Schlagen mit den Brustflossen entsteht das unverwechselbare, wellenförmige

Neben dem Zackenbarsch Favorit in der Gunst der Taucher: die Mittelmeer-Muräne (Muraena helena) (oben).

Ganz sicher keine Mittelmeer-Muräne: neue Art oder Einwanderer aus dem Roten Meer? (unten).

Auf- und Abwippen bei der Fortbewegung. Diese charakteristische Fortbewegung macht es leicht, einen Lippfisch als solchen zu erkennen. Nur wenn kurzfristig hohe Geschwindigkeiten erreicht werden sollen, wie bei der Flucht, wird auch die Schwanzflosse eingesetzt. Schwieriger wird es bei der Arterkennung, denn in dieser Gruppe sind Jungfische, geschlechtsreife Männchen und Weibchen ein und derselben Art häufig gänzlich unterschiedlich gefärbt und gezeichnet. Bei Lippfischen kann im Laufe der individuellen Entwicklung eine Geschlechtsumwandlung stattfinden: Neben Individuen, die von Geburt an Männchen sind und dies auch bleiben, gibt es viele, die als Weibchen geboren werden und später in einer kurzen Übergangsphase die Umwandlung zum Männchen vollziehen. Da auch hier jedes Stadium seine spezielle Färbung aufweist, treten alle möglichen Übergänge im Farbkleid auf. Zu den häufigsten und bekanntesten Lippfischen des Mittelmeeres gehören der Meerjunker *(Coris julis)* und der Meerpfau *(Thalassoma pavo)*. Beide sind unermüdliche, agile Dauerschwimmer, die in kleinen, lockeren Gruppen meist über algenbewachsenen Felsen in Flachwasserbereichen, aber auch bis in größere Tiefen anzutreffen sind. Nachts graben sich beide Arten im Sand ein. Während viele Lippfische ihren Laich bewachen, geben Meerjunker und Meerpfau die Eier ins freie Wasser ab. Dagegen zeigen andere Arten ein interessantes Brutpflegeverhalten. Hierzu gehört der Achselfleck-Lippfisch *(Symphodus mediterraneus)*. Das Männchen baut auf felsigem Grund aus feinen, fadenförmigen Grünalgen regelrechte Nester. Bei diesem Geschäft ist es außerordentlich emsig bei der Sache und läßt sich auch vom neugierig beobachtenden Taucher nicht stören. Später bewacht es die Nester mit dem abgelegten Laich und fächelt der Brut mit den Flossen Frischwasser zu. Männchen des Pfauenlippfisches *(Symphodus tinca)* bauen zur Fortpflanzungszeit ebenfalls Laichnester, die sie bis zum Schlüpfen der Brut verteidigen. Bei dieser Art haben die größten und stärksten Männchen jedoch eine Fortpflanzungsstrategie entwickelt, die erst vor einigen Jahren entdeckt wurde. Sie übernehmen nach kurzem Kampf einfach das fertige Nest eines kleineren Männchens, laichen dort mit einem Weibchen ab und überlassen das Nest anschließend wieder der Bewachung durch den ursprünglichen Besitzer. Sie verschaffen sich so einen sicheren Fortpflanzungserfolg, sparen sich jedoch gleichzeitig den hohen Zeit- und Arbeitsaufwand beim Nestbau und der Bewachung. Dieses Verhalten wurde vom Entdecker treffend als Piraterie bezeichnet.

Vorposten der Tropen: Papageifische

Wie ihre nahen Verwandten, die Lippfische, sind sie in tropischen Riffregionen allgegenwärtig. Ihr Hauptverbreitungsgebiet liegt im Indischen Ozean und dem Westpazifik. So mutet die einzige mediterrane Art, der Seepapagei

(Sparisoma cretense), auch wie ein Bote aus fernen Korallenriffen an, wo Papageifische den Tauchern bestens vertraut sind. Papageifische schwimmen in Lippfisch-Art durch gleichzeitiges Schlagen der Brustflossen. Aufgrund ihres charakteristischen, einem Papageischnabel ähnlichen Gebisses sind sie jedoch nicht zu verwechseln. Mit seinem kräftigen „Papageischnabel" kann der Seepapagei Algen, insbesondere auch robuste kalkhaltige Formen, vom felsigen Untergrund abkratzen. Mit seinen plattenförmigen Schlundzähnen zermahlt er harte Nahrungsbestandteile. Seepapageien streifen in kleinen Gruppen über algenbewachsene Felsböden. Man trifft sie bereits in geringer Tiefe an, jedoch lassen sie die Taucher nicht zu nahe herankommen. Wie bei allen Papageifischen sind auch beim Seepapagei die Farbunterschiede zwischen den Geschlechtern besonders ausgeprägt. Bei den tropischen Arten hat dies lange Zeit für Verwirrung gesorgt. Viele Arten wurden mehrfach beschrieben und daher auch mit mehreren Namen versehen, bis sich herausstellte, daß es sich um männliche und weibliche Tiere ein und derselben Art handelt. Da Papageifische wie Lippfische Geschlechtsumwandlung zeigen, mit den entsprechenden Übergangs-Färbungen, ist eine Bestimmung nach dem Farbmuster oftmals schwierig. Der Seepapagei macht es uns da als einzige Art im Mittelmeer leicht. Die Männchen sind grau gefärbt, die Weibchen tragen eine dunkelrote bis braunrote Farbtracht mit einem breiten grauen Sattel hinter dem Kopf. An der Schwanzwurzel schmückt sie ein großer leuchtend gelber Fleck; auch im Bereich der Augen sind sie gelblich gefärbt. Mit einer Länge von meist 30 cm gehört der Seepapagei eher zu den kleinen bis mittelgroßen Vertretern seiner Familie.

Kluge Kopffüßer: Kraken

Wirbellose Tiere werden üblicherweise auch als Niedere Tiere bezeichnet. Unumstritten ist dieser Begriff nicht, verbindet man damit doch fälschlicherweise Eigenschaften wie einfach, primitiv und dergleichen. Spätestens bei der Beobachtung eines Kraken wird dieser Irrtum ganz offensichtlich. Denn er hat ein hochentwickeltes Gehirn und zeigt verblüffend einsichtige Verhaltensweisen. In vielen Experimenten und Freiwasserbeobachtungen wurden die hervorragende räumliche Orientierung und die schnelle Lernfähigkeit des Kraken belegt. Besonders einfallsreich zeigt er sich beim Beuteerwerb. Beispielsweise wurde beobachtet, wie er ein Aquarium verläßt und in ein zweites hineinsteigt, um einen dort gehaltenen Hummer zu erlegen.

Die auffallendste und von jedem Taucher zu beobachtende Besonderheit ist der blitzschnelle Farbwechsel: Die Palette reicht von weißlich-blaß über rot bis dunkelbraun, jeweils mit zahlreichen Mustern und Schattierungen. Doch nicht nur die Färbung der Haut, auch ihre Oberflächenstruktur vermag der Gemeine Krake *(Octopus vulgaris)* bei Bedarf von glatt nach warzig-zottig zu

Auf seinem Streifzug überrascht, schwimmt ein Gemeiner Krake (Octopus vulgaris) nach dem Rückstoßprinzip davon (oben). Insbesondere bei Nachttauchgängen kann man die Gemeine Sepia (Sepia officinalis) antreffen (unten).

Ein unermüdlicher Dauerschwimmer ist der Meerjunker (Coris julis); hier ein erwachsenes Männchen (oben).

Nicht anfassen! Der Feuerwurm (Hermodice carunculata) trägt seinen Namen zu Recht (unten).

ändern. Das Farbenspiel spiegelt auch seinen Gemütszustand wider, vor allem dient es aber dazu, sich jedem Untergrund nahezu perfekt anzupassen. Dies schützt ihn vor Feinden und hilft beim Beutefang. Der Krake betätigt sich als Lauerjäger, der sich einem Wegelagerer gleich auf die vorbeikommende, ahnungslose Beute stürzt. Er tastet aber auch aktiv in Spalten nach Beutetieren, die mit den saugnapfbewehrten Armen festgehalten und herausgezogen werden. Mit seinem papageischnabelförmigem Kiefer knackt er selbst den Panzer großer Krebse, die neben Muscheln und Fischen seine Nahrung darstellen. Die Spalten und kleinen Höhlen der Felsgebiete nutzt der Krake als Tagversteck, denn richtig mobil wird er erst mit Einbruch der Nacht. Oft legt er sich vor seiner Behausung einen regelrechten Burgwall aus herangeschleppten Steinen an. Auch Nahrungsreste wie Muschelschalen verraten häufig seine Wohnung. Zu den Feinden des Octopus zählen vor allem Muränen, die wie er nachts auf Beutefang gehen. Eine gute Chance, einem Angriff zu entkommen, liegt im Verspritzen der Tinte. Diese bleibt eine Zeitlang als geballte Wolke im Wasser stehen. Dem Räuber scheint sie nicht nur die Sicht zu nehmen, möglicherweise hält er die Tintenwolke kurzzeitig auch für seine Beute. Doch auch nachts hilft sie dem Kraken, da sie den Geruchssinn seines Feindes empfindlich stört, was besonders gegenüber Muränen hilfreich ist. Jedenfalls wird der Räuber durch die Tinte einen Moment lang irritiert, den der Krake nutzt, um sich „aus dem Staub" zu machen.

Borstiges Gewürm: der Feuerwurm

Zu den auffälligsten freibeweglichen Wirbellosen in den Tauchgebieten um Korfu gehört der Feuerwurm *(Hermodice carunculata)*. Mit einer Länge von meistens 10–20 cm ist er kaum zu übersehen. Der gleichförmig gegliederte Rumpf besteht aus einer Vielzahl von metallisch grünlich bis bräunlich schimmernden Segmentringen. Sie tragen jeweils ein Paar rostroter Kiemen und ein Paar Stummelfüße, sogenannte Parapodien, die sich in einen oberen und unteren Ast verzweigen. Jeder dieser Äste trägt auffällige weiße Borstenbündel, so daß an beiden Körperseiten jeweils eine Doppelreihe dieser „Feuerborsten" verläuft.

Die Borstenbüschel können durch Muskeln bewegt werden; so werden sie ruckartig weit ausgefahren, wenn sich der Wurm bedroht fühlt. Kommt man trotz dieser Warnung oder aus Unachtsamkeit mit den Borsten in Berührung, bleiben sie in der Haut stecken. Die glasharten Borsten sind brüchig, spitz und tragen zum Teil Widerhaken. Symptome einer Verletzung sind ein brennender Schmerz sowie Hautschwellungen und Rötung. In solchen Fällen wird empfohlen, ein Klebeband aufzutragen und durch Abziehen die Borsten zu entfernen. Anschließend kann man die betreffenden Hautstellen mit 40- bis 70%igem Alkohol desinfizieren. Der Feuerwurm lebt räuberisch; findet sich jedoch irgendwo Aas, ist er fast immer zur Stelle. Im Mund, an der Kopfunterseite, befinden sich zahlreiche dichtstehende, scharfe Leisten. Er kann sie hervorstülpen und damit, ähnlich einer Schnecke mit ihrer Raspelzunge, Gewebestücke abkratzen. Ein toter Fisch kann auf diese Weise völlig skelettiert werden.

In voller Rüstung: Einsiedlerkrebse

Mit großer Regelmäßigkeit trifft man in Felsgebieten bereits ab dem Flachwasser auf Einsiedlerkrebse. Diese kuriosen Erscheinungen sind vielen Tauchern ein vertrauter Anblick. Denn im Gegensatz zu ihren Verwandten wie Hummer, Languste oder Bärenkrebs, die sich erst im Schutz der Dunkelheit auf Nahrungssuche wagen, streifen Einsiedler auch am hellichten Tage umher. Wer aus Neugier Schneckengehäuse einmal etwas näher betrachtet, wird häufig feststellen, daß nicht mehr der ursprüngliche Bewohner, sondern eben ein Einsiedler der neue Besitzer ist. Das harte Schneckengehäuse gewährt den Schutz, der ihnen das weitgehend unbehelligte Umherwandern am Tage erlaubt. Werden sie angegriffen, ziehen sie sich ins Innere ihres Gehäuses zurück. Den verbesserten Schutz durch das harte Schneckenhaus haben sich die Einsiedler jedoch erst durch einen ganz außergewöhnlich angepaßten Hinterleib ermöglicht, man könnte auch sagen erkauft. Denn während der eindrucksvolle Vorderkörper den für Krebse typischen, harten Chitinpanzer aufweist, ist ihr Hinterteil weich und zarthäutig, also leicht verletzlich. Außerdem ist er entsprechend den Windungen des Schneckenhauses gekrümmt.
Auch Einsiedlerkrebse müssen sich häuten. Die dabei erfolgenden Wachstumsschübe stellen sie jedoch vor echte Wohnungsprobleme, denn ihr Schneckenhaus wächst natürlich nicht mit. Der Einsiedler muß also von Zeit zu Zeit auf Wohnungssuche gehen und in ein geeignetes neues Gehäuse umziehen. Da es weit weniger große als kleine Gehäuse gibt, wird die Auswahl für den wachsenden Einsiedler immer geringer. Entsprechend hart wird dann schon mal um die geeigneten Gehäuse gekämpft. Beim Auffinden kann der Geruchssinn helfen, mit dem sie gerade getötete oder sterbende Schnecken wahrnehmen und orten können. Solch ein Geruchssignal ist für den Einsiedler gleichbedeutend mit einer bald frei werdenden Wohnung.
So wirksam ein Schutz auch sein mag, immer finden sich Feinde, die ihn doch überwinden können. Die Schamkrabbe beispielsweise kann den Einsiedler regelrecht aus seinem Gehäuse herausschälen, indem sie dieses, mit ihren kräftigen Scheren den Windungen folgend, wie mit einem Dosenöffner aufschneidet. Sein wohl größter Feind ist jedoch der Gemeine Krake, der ihn mit seinen kräftigen Armen aus dem Gehäuse herauszureißen vermag. Als Antwort auf diese Bedrohung sind eine Reihe von Einsiedlern eine Allianz

Der Dornenseestern (Coscinasterias tenuispina) gehört zu den Arten, die sich häufig auch ungeschlechtlich vermehren (oben). Formenvielfalt: Der Randplatten-Polsterstern (Sphaerodiscus placenta) hat durch die miteinander verwachsenen Arme eine kissenförmige Gestalt (unten).

Geschützt durch sein Schneckenhaus, traut sich auch der Gestreifte Felseneinsiedler (Pagurs anachoretus), tagsüber durch die Felsenlandschaft zu streifen (oben). Dieser Große Einsiedlerkrebs (Dardanus calidus) muß sich allein auf den Schutz durch sein Schneckenhaus verlassen (unten).

mit Seeanemonen eingegangen. Deren starkes Nesselgift stellt eine äußerst schmerzhafte und wirkungsvolle Waffe dar. Die Anemone ihrerseits profitiert bezüglich der Ernährung von der hohen Mobilität des Krebses. Der Große Einsiedlerkrebs *(Dardanus calidus)* trägt manchmal eine ganze Batterie eindrucksvoller Schmarotzerrosen *(Calliactis parasitica)* auf seinem Gehäuse. Weshalb diese Krebse selber nicht genesselt werden, ist noch unbekannt. Ebenso geheimnisvoll ist die Kommunikation zwischen Krebs und Anemone. Bei einigen Arten steht am Beginn der Gemeinschaft ein ausgefeiltes Zusammenspiel. Der Krebs erreicht, was uns niemals gelingen würde: Durch geduldiges Beklopfen und Streicheln veranlaßt er die Anemone, ihren ursprünglichen Standort zu verlassen und auf sein Wohnhaus überzusiedeln. Mit dieser Kombination aus mechanischem und chemischem Schutz erreicht der Einsiedler eine fast vollständige Sicherheit gegenüber Kraken. Nurmehr in seltenen Fällen und mit außerordentlichem Geschick gelingt es diesen, an den Aktinien vorbei den begehrten Krebs zu erbeuten.
Eine besonders intensive und interessante Symbiose zeigen der Anemonen-Einsiedler *(Pagurus prideaux)* und die Mantelaktinie *(Adamsia paliata)*. Die Aktinie umwächst mit ihrem stark abgeflachten Körper das Schneckenhaus. Ihre Fußscheibe scheidet über den Gehäuserand ein erhärtendes Sekret aus, wodurch die Eingangsöffnung verlängert wird. Auf diese Weise wachsen Krebs und Gehäuse gleichermaßen, was dem Einsiedler mühselige Wohnungssuche und Umzug erspart.

Räuber mit Ausdauer: Seesterne

In den Tauchgebieten um Korfu gehören die Seesterne zu den auffälligsten und häufigsten wirbellosen Tieren. Der Anblick von Seesternen beim Tauchen oder Schnorcheln ist uns geradezu selbstverständlich. Wohl keine andere Tiergruppe wird so sehr mit dem Meer in Verbindung gebracht; zu Recht, denn Seesterne sind eine ausschließlich marine Tiergruppe, und in ihrer ungewöhnlichen Symmetrie haben sie etwas Unbegreifliches an sich. Für diese Tiere gibt es kein Vorne und Hinten, kein Rechts und Links. Auch für die Anordnung der inneren Organe sind solche Begriffe nicht anwendbar. Einen Kopf oder ein Gehirn gibt es ebenfalls nicht, denn das Nervensystem weist kein Zentrum auf. Neben diesen recht einfachen Merkmalen besitzen Seesterne ein hochentwickeltes hydraulisches System. Es dient insbesondere der Fortbewegung und der Nahrungsaufnahme. Mit diesem Wassergefäßsystem kann der Seestern eine dem Meerwasser sehr ähnliche Flüssigkeit bis in seine schlauchförmigen Füßchen pumpen, welche auf diese Weise gestreckt werden. Viele Arten können sich mit den Füßen auch an der Unterlage festsaugen, wodurch sie selbst an überhängenden Felspartien Halt finden. Anders als Muskeln ist das Wassergefäßsystem nicht in der Lage, schnelle Bewe-

gungen auszuführen. Dafür kann solch ein hydraulisches System die erzeugte Kraft sehr lange aufrechterhalten – und das bei geringem Energieaufwand. Dies ermöglicht den räuberischen Arten, Muschelschalen stundenlang, nötigenfalls auch tagelang, auseinanderzuziehen. Diesem Dauerzug können die Muscheln nicht widerstehen, der Schalenschließmuskel ermüdet. Der Seestern kann nun seinen Magen über die geöffnete Muschel ausstülpen und die Verdauungsprodukte aufnehmen.
Eine häufig zu beobachtende Fähigkeit von Seesternen ist ihr enormes Regenerationsvermögen. Immer wieder sieht man Exemplare mit ganz unterschiedlich großen Armen oder vermeintlich verletzte Tiere, denen ein Arm fehlt. Man kann sogar sogenannte Kometenformen entdecken, bei denen an der Mundscheibe nur ein normal langer Arm und vier Stummelärmchen sitzen. Hier war kein gefräßiger Räuber am Werke, vielmehr pflanzen sich Seesterne nicht nur geschlechtlich, sondern auch mit solchen Selbstamputationen fort. Einen abgeschnürten Arm ersetzt der Seestern einfach wieder durch einen neuen, und auch der abgeschnürte Arm wächst wieder zum kompletten Seestern heran. Er bildet zunächst eine neue Mundscheibe, dann wachsen die restlichen vier Arme nach, so wie es bei der Kometenform zu beobachten ist.

Nackte Schönheiten: Nacktschnecken
Zu den typischen Felsbewohnern zählen die farbenprächtigen Nacktschnecken. Wie kleine, bunte Juwelen setzen sie leuchtende Farbtupfer im Felslitoral des Mittelmeeres. Buntheit und Nacktheit stehen in einem Zusammenhang. Im Laufe ihrer Entwicklungsgeschichte haben sie auf den mechanischen Schutz durch eine Schale verzichtet, zugunsten anderer, chemischer Verteidigungswaffen. Vor möglichen Freßfeinden schützen sich viele durch die Ausscheidung eines extrem sauren Schleimes. So wurde im Experiment beobachtet, daß Fische, die sich an solchen Nacktschnecken versucht haben, die vermeintliche Beute sofort wieder ausspuckten und flüchteten. Andere Nacktschnecken wiederum nehmen mit ihrer Nahrung giftige Substanzen auf. Sie selber sind gegenüber diesen Giften immun und reichern sie in ihrem Körper an, was ihnen selber einen hervorragenden Schutz gewährt. Einige Nacktschnecken sind sogar dazu übergegangen, selber Giftstoffe zu produzieren und somit bezüglich ihres Schutzes unabhängig von ihrer Nahrung zu sein. Eine besonders raffinierte Methode des Selbstschutzes haben einige Arten von Fadenschnecken entwickelt, die sich von Nesseltieren ernähren. Diesen Schnecken gelingt es, Nesselkapseln ihrer Beute aufzunehmen, ohne daß diese sich entladen. Sie werden bis in die zahlreichen Rückenfortsätze dieser Schnecken befördert, wo sie voll funktionsfähig der eigenen Verteidigung dienen. Ihre lebhafte Färbung können sich die Nacktschnecken bei einem derartigen Arsenal effektiver Schutzmechanismen also durchaus

Zwei Violette Weißspitzen-Fadenschnecken (Coryphella pedata) weiden auf einer Eudendrium-Kolonie (oben). Wie andere Fadenschnecken wird auch die Violette Fadenschnecke (Flabellina affinis) durch die Nesselzellen geschützt, die sie mit der Nahrung aufnimmt (unten).

Nackt, aber wehrhaft: auch die Weiß-rot-blaue Fadenschnecke (Cratena peregrina) vertraut auf ihren erworbenen Nesselschutz (oben). Neben der Violetten Fadenschnecke die häufigste Nacktschnecke in Korfu: die Leopardenschnecke (Peltodoris atromaculata) (unten).

leisten. Mehr noch, den auffälligen Farben kann eine abschreckende Wirkung zukommen: Freßfeinde verbinden, meistens zu Recht, mit solchen Warnfarben Giftigkeit oder zumindest Ungenießbarkeit. Nacktschnecken sind ausgesprochene Nahrungsspezialisten, häufig fressen sie nur eine einzige Tierart. So ernährt sich die Leopardenschnecke *(Peltodoris atromaculata)* fast ausschließlich vom Feigenschwamm *(Petrosia ficiformis),* auf dem man sie teilweise in großer Zahl antrifft. Die Violette Fadenschnecke *(Flabellina affinis)* ebenso wie die Weiß-rot-blaue Fadenschnecke *(Cratena peregrina)* und die Violette Weißspitzen-Fadenschnecke *(Coryphella pedata)* sind auf Eudendrium-Kolonien spezialisiert. Die Nesselkapseln dieser Hydrozoe lagern sie in ihren Körperfortsätzen ab. Die Gelb-violette Sternschnecke *(Hypselodoris elegans)* dagegen schützt sich mit saurem Hautsekret gegen Freßfeinde. Sie kann recht unterschiedlich gefärbt sein, von gelblich über blau bis dunkelviolett. Vor Korfu tritt fast ausschließlich die gelb-indigo gefärbte Variante auf. Bei Beunruhigung zieht die Gelb-violette Sternschnecke ihre Tentakel und die Kiemenkrone ein, bei gröberer Störung kugelt sie sich ein. Häufig sind die hübschen, filigranen Gelege der Nacktschnecken zu entdecken. Die oben genannten Fadenschnecken wickeln ihre dünnen Laichschnüre direkt um die Äste der Eudendrium-Kolonien, an denen sie auch fressen. Die Gelb-violette Sternschnecke heftet ihre weißlichen, spiralig angeordneten Laichbänder bevorzugt auf ebenes, felsiges Substrat.

Einfach genial: Blumentiere

Blumentiere begegnen dem Taucher in mannigfaltigen Erscheinungsbildern. Die Polypen sind meist nur wenige Millimeter groß, können aber wie bei den Zylinderrosen über 40 cm erreichen. Sie leben teils einzeln, bilden jedoch auch große, auffällige Kolonien wie die Leder-, Horn- oder Steinkorallen.

Steinkorallen im Mittelmeer? Eher denkt man dabei an üppige Korallengärten und würde diese Gruppe ausschließlich tropischen Riffen zuordnen. Und doch gehören Steinkorallen zu den typischen Bewohnern mediterraner Felsküsten. Nur bauen sie hier keine Riffe wie die tropischen Arten. Vielmehr handelt es sich um einzeln lebende oder allenfalls kleine Kolonien bildende Arten. Durch ihre leuchtend gelbe Färbung fällt die Gelbe Steinkoralle *(Leptopsammia pruvoti)* auf. Bei Korfu ist diese Steinkoralle mit großer Regelmäßigkeit an stark beschatteten Standorten anzutreffen. Bevorzugt siedelt diese solitäre, meist nur 2 cm große Art an Decken von Höhlen und Durchgängen sowie in engen Spalten. Ihre Domäne ist die Restlichtzone. An derartigen Standorten kann sie in Massen auftreten und so große Flächen in ein leuchtend gelbes Farbenmeer verwandeln. In oft dichten, buschigen Kolonien wächst dagegen die Rasenkoralle *(Cladocora cespitosa).* Wie ihre riffbildenden tropischen Verwandten besitzt sie symbiontische Algen und ist die einzige Mittelmeer-

Art, die größere, bis zu einem Meter Durchmesser erreichende Kolonien bildet.
Neben diesen Steinkorallen sind einige weitere Blumentiere besonders auffallend oder häufig in den Tauchgebieten um Korfu. Die Zylinderrose *(Cerianthus membranaceus)* baut sich eine derb-ledrige Wohnröhre in Sand- und Weichböden. Oft reichen ihr schon kleinste, mit Sediment gefüllte Spalten im Felsgrund. Sie kommt in unterschiedlichen Farbvarianten vor, von gelblich-weiß bis schwarz-violett. Besonders schön ist eine grünlich fluoreszierende Form. Das Vorkommen der Pferdeaktinie *(Actinia equina)* – auch Purpurrose genannt – beschränkt sich auf den schmalen Bereich zwischen Flutlinie und etwa 2 Meter Wassertiefe. Gelegentliches Trockenfallen übersteht sie durch die Absonderung einer dicken Schleimschicht sowie dem Kontrahieren zu einem kugeligen Klumpen, wobei die kurzen, kräftigen Tentakel völlig verborgen sind. Die Siebanemone *(Aiptaisa mutabilis)* fällt durch eine schöne, milchig-grüne Marmorierung ihrer Tentakel auf. Die Färbung beruht auf dem Gehalt symbiontischer Algen und kann entsprechend kräftiger oder blasser ausfallen. Verschlechtern sich ihre Umweltbedingungen, kann sie durch raupenartige Fortbewegung einen neuen Standort aufsuchen. Sie ernährt sich wie andere große Anemonen von größeren Zooplanktern bis hin zu kleinen Fischen und Krebsen.
Im Prinzip sind Polypen sehr einfach aufgebaut. Sie besitzen einen zylindrischen Körper mit einem durch Längsfalten in Taschen gegliederten Hohlraum. Ein Ende ist als Fußscheibe ausgebildet, welche bei den Steinkorallen das Kalkskelett ausscheidet. Am gegenüberliegendem Ende geht der Hohlraum in eine mundförmige Öffnung über, die am Rand von Fangtentakeln umgeben ist. Diese Öffnung ist Mund und After in einem. Sinnesorgane fehlen, aber ein Netz von Nervenzellen sorgt schon für eine Reizaufnahme. Trotz oder gerade wegen ihrer einfach-genialen, becherförmigen Gestalt sind Blumentiere eine überaus erfolgreiche Gruppe. Seit über 600 Millionen Jahren besiedeln sie alle Meere. Zu diesem Erfolg trug sicher auch eine äußerst raffinierte Waffe bei, über die sie wie alle Mitglieder des Stammes der Nesseltiere verfügen: die Nesselzellen. Dies sind kompliziert aufgebaute Zellkapseln, die bei Berührung einen langen, spitzen Schlauch explosionsartig nach außen stülpen. Über den Schlauch wird der Beute ein augenblicklich wirkendes Gift injiziert, so daß diese ohne Gegenwehr in die Mundöffnung gezogen werden kann.

Szenenwechsel: Felsenwelt bei Nacht

Eine Tauchgruppe macht sich am Ufer bereit für einen Nachttauchgang. Letzte Vorbereitungen werden getroffen. Die Unterwasser-Lampen werden noch einmal auf Funktionsfähigkeit geprüft. Ein ganz gewöhnlicher Vorgang, nur

Gewöhnlich besiedelt die Siebanemone (Aiptasia mutabilis) kleine Felsspalten – dieses Exemplar hat sich dagegen das Ende einer Eisenstange ausgesucht (oben). Die Domäne der Gelben Steinkoralle (Leptopsammia pruvoti) sind Wände und Decken stark beschatteter Felspartien (unten).

Leuchtend rot und voll entfaltet ein herrlicher Anblick: Purpurrosen (Actina equina) siedeln stets dicht unter der Wasseroberfläche.

Auch teilweise eingezogen ist die Purpurrose ein attraktives Tier.

eben bei Dunkelheit? Der Stimmung unter den Tauchern nach zu urteilen nicht. Spannung liegt in der Luft, obwohl ein vom Tage bekanntes Gebiet betaucht wird. Den Reiz eines Nachttauchganges muß man selbst erlebt haben, um die neugierig gespannte Erwartung zu verstehen. Die Welt unter Wasser erscheint nun ruhiger, friedlicher als im Tageslicht. Nur in Ausschnitten erhellt vom Schein der Unterwasserlampen, wirkt die tagsüber vertraute Umgebung plötzlich fremd und geheimnisvoll. Selbst für die Beobachter, die zur Sicherung an Land geblieben sind, hat das Abtasten der Lichtkegel unter Wasser etwas Fesselndes an sich.

Mit Einbruch der Dunkelheit verändert sich das Leben unter Wasser. Viele Fische ziehen sich zur Ruhe zurück. Andere, wie der Meerbarbenkönig, haben ihre Tagverstecke verlassen und ziehen auf Nahrungssuche weit verstreut im freien Wasser umher. Auch Muränen zählen zu den wenigen nachtaktiven Räubern. Die meisten Fische haben jedoch ihre Aktivitäten eingestellt. Brassen und Meerbarben findet man reglos am Boden liegend, die Farben blasser als am Tage, die Reaktionen träge. Die sonst so zahlreichen Lippfische sind verschwunden, Meerpfau und Meerjunker haben sich im Sand eingegraben. Mönchsfische haben sich in Felsspalten versteckt und reagieren ängstlich und konfus auf das Scheinwerferlicht. Wie die übrigen nun ruhenden Fische sollte man sie nicht unnötig stören. Respektieren wir ihren Schlaf. Es gibt genug aktive Tiere zu beobachten: Denn die Nacht ist die Zeit für die wirbellosen Bewohner der Felsküsten, die sich tagsüber an schattigen, schwer zugänglichen Stellen versteckt hielten. Seeigel sind im Felsgebiet auf Weidegang. Auch andere Stachelhäuter wie Seegurken und Seesterne sind jetzt besonders häufig. Viele Nesseltiere, so die Siebanemone, haben ihre Tentakelkrone voll entfaltet und fangen tierisches Plankton, welches jetzt in Massen auftritt. Um dem Lichtkegel der Taucherlampen zu entfliehen, kriechen Schlangensterne mit ihren beweglichen Armen erstaunlich schnell über den Grund. Krabben, Langusten und Bärenkrebse haben ihre Tagverstecke verlassen und sind nun auf Nahrungssuche. Einsiedler streifen, wie auch tagsüber, umher. Jetzt ist auch die Zeit der Kopffüßler: Kraken, Sepien und die kleinen Sepiolas befinden sich auf der Jagd. Insbesondere Sepien und Sepiolas sind meist nur nachts zu beobachten. Allein schon wegen der Begegnung mit diesen faszinierenden Tieren lohnt sich der Nachttauchgang. Hüten muß sich der Krake vor der Muräne, die jetzt ebenfalls jagt. In ihrer ganzen Länge ist sie nun zu beobachten, wie sie auf Beutesuche ihr Revier durchstreift.

Vielleicht fällt es nicht immer leicht, sich zu überwinden und abends noch einmal in die nassen Tauchanzüge zu steigen. Schließlich ist das Ausklingen des Tages auf einer Terrasse mit Blick aufs Meer auch nicht ohne Reize und wesentlich bequemer. Die Nachttauchgruppe ist sich aber einig: Der Aufwand wurde belohnt, man ist um ein besonderes Erlebnis reicher.

Besonders attraktive Tauchgebiete

Im folgenden werden 21 der schönsten Tauchplätze der Westküste vorgestellt. Sie liegen fast ausschließlich unmittelbar an der Küste oder sind dieser dicht vorgelagert. Die Anfahrten dauern in der Regel zwischen 5 und 35 Minuten; nur wenn es zu den weiter entfernten Tauchgebieten wie denen um Othoni oder vor Paxos geht, dauern die Anfahrten über eine Stunde.

Irrgarten

Den Namen trägt der Tauchplatz nicht von ungefähr. Unzählige kleine und große Felsbrocken liegen – verstreut über eine ausgedehnte, flache Ebene – dicht beieinander. Die Orientierung unter Wasser ist nicht leicht, zumal die Wassertiefe im gesamten Gebiet annähernd gleich ist. Der Irrgarten ist ein idealer Tauchplatz für die kleinen Entdeckungen und wegen der geringen Tiefe besonders für Nachmittags-Tauchgänge geeignet. Geankert wird meist etwa 100 m vor der Felsküste, der Grund ist im gesamten Gebiet 10–15 m tief. Hier führt der Tauchgang durch ausgedehnte Blockgründe; übersät von Kalksteinen jeder Größe, vom Kiesel bis zum haushohen Felsblock, erinnert die abwechslungsreiche UW-Landschaft an einen Steingarten. Aufgrund der geringen Tiefe sind die Felsoberflächen von verschiedenen Algen bewachsen, doch in den zahlreichen Spalten und unter den Blockunterseiten versteckt sich eine farbenfrohe Tierwelt.

Großer Muränenfels

Das große, der Küste vorgelagerte Riff ragt nur an einer Stelle mit einer sehr kleinen Spitze aus dem Wasser und fällt zu allen Seiten schräg ab. Der massige Fels erstreckt sich unter Wasser in Ost-West-Richtung. Etwa in der Mitte befindet sich ein sattelartiges Plateau zwischen 10 und 20 m Tiefe. Westwärts schließt sich ein wunderbarer Canyon an, der in einer Tiefe zwischen 20 und 40 m verläuft. Ein schöner Bewuchs und unzählige kleine Spalten in den Felswänden bieten immer wieder Überraschungen. Krebse, Muränen und Gabeldorsche warten hier in ihren Tagverstecken auf die Dunkelheit. Am Ausgang des Canyons endet auch das Riff. Oberhalb vom Canyon ragen stark zerklüftete Felskegel empor. Der Große Muränenfels ist ein sehr vielseitiges Tauchgebiet, das auch im Flachbereich reizvoll ist. Hier kann man häufig kleine Gruppen von Papageifischen beobachten.

Kleines Riff

Etwa 300 m vor der Küste ragt ein kleiner, nur 2–3 m hoher Fels aus dem Wasser. Er sieht aus wie eine Pyramide. Diese „Spitze eines Eisberges" geht unter Wasser in einen stark zerklüfteten Hügel über. Besonders auffallend ist eine 3 m tiefe Spalte, die sich wie eine Furche über den gesamten Fels zieht. An den Flanken fällt das Riff zum Teil senkrecht bis auf 25 m Tiefe ab. Einige markante Felstürme ragen von 25 m bis kurz zur Wasseroberfläche auf. Sie befinden sich gleich neben der Riffplatte. In den unzähligen Spalten und Löchern sind häufig Langusten zu finden.

West-Point

Geankert wird in einer schmalen, geschützten Bucht. Unter Wasser ist das Gelände vielfältig strukturiert und mit großen, einzelnen Felsbrocken durchsetzt. Einige der großen Felsen liegen dem Boden so auf, daß unter ihnen durchgetaucht werden kann. Verläßt man die Bucht – an der Felsküste entlang tauchend –, trifft man nach etwa 30 Metern in 10–15 m Tiefe auf einen Kanal. Dieser ist anfangs 4 m breit und zieht sich vom Grund bis zur Wasseroberfläche hoch. Er ist über 10 m lang und verjüngt sich zum hinteren Teil auf gut 1 m Breite. Hier ist der Kanal im unteren Bereich geschlossen, doch im 3-m-Bereich öffnet er sich, und man kann hinaustauchen. Die Wände des Kanals sind wunderschön bewachsen mit Rotalgen und zerfurcht von kleinen Spalten und Nischen, in denen es immer etwas zu entdecken und zu bestaunen gibt. Das Tauchgebiet ist aufgrund der geringen Tiefe ein beliebtes Nachmittags-Tauchziel. Zu dieser Tageszeit steht die Sonne auch genau richtig, um Fotografen reizvolle Aufnahmen zu ermöglichen.

Canyon

Wie schon aus dem Namen hervorgeht, befindet sich am Tauchplatz ein Canyon. Dieser breite Felseinschnitt reicht von etwa 15 m Tiefe bis zur Wasseroberfläche. Am Ausgang bildet eine quer zum Canyon liegende riesige Felsplatte einen Durchgang. Sie liegt so günstig, daß das Tauchboot oben noch bequem darüberfahren kann. Man kann von beiden Seiten unter der Platte hindurchtauchen und sieht auf der ganzen Länge von etwa 15 m immer das Tageslicht. An der Decke ist der Fels wunderschön bewachsen mit unzähligen Gelben Nelkenkorallen und orangefarbenen Schwämmen. Taucht man seewärts aus dem Durchgang heraus, kann man mit etwas Glück Kraken entdecken, die unter den vielen Felsen ideale Verstecke finden. Im Schutz des Canyons halten sich häufig kleinere Fischschwärme auf, die sich im einfallenden Sonnenlicht zu wiegen scheinen.
Ganz in der Nähe befindet sich noch eine kleine Höhle, in die zwar bis hinten Tageslicht fällt, die aber dennoch nur von erfahrenen Tauchern betaucht werden sollte. Zum einen ist sie vom Canyon aus nur mit gewissem Luftverbrauch zu erreichen, zum anderen ist der Eingang nicht sehr groß. Er liegt in 12 m Tiefe und ist gerade so breit, daß ein Taucher bequem durchpaßt; leicht

kann man mit unbedachten Bewegungen an die Felswände anstoßen. Die Höhle verläuft schmal, gerade und ohne Verzweigungen weiter und ist etwa 15 m lang. Hinten kann man auftauchen und ist überrascht, den Himmel über sich zu sehen. Man findet viele schattenliebende Tierarten hier, wie etwa Fels- und Scherengarnelen oder Meerbarbenkönige.

Bobby-Fels

Der große, annähernd rechteckige Fels erhebt sich nah vor der Küste aus dem Meer. An mehreren Stellen kann unmittelbar an dem Felsblock geankert werden. Im Flachbereich kann er durchaus während eines Tauchganges umrundet werden. An der Nord- und der Westseite sind eine Reihe sehr schön bewachsener Nischen in der Felswand. Mehrere Tauchgänge sind an diesem Tauchplatz jedoch lohnenswert, da die Teilgebiete jeweils einen eigenen Tauchabstieg wert sind. Nach Osten hin schiebt sich unter Wasser ein längeres, schmales Plateau ins Meer hinaus. An der Oberseite beträgt die Wassertiefe 3 bis 5 m. Dieses Plateau dürfte wohl die fischreichste Stelle weit und breit sein. Sardinen, Brassen und Mönchsfische trifft man hier mit ziemlicher Sicherheit in großer Zahl an, dazwischen zahlreiche Meerjunker und Meerpfauen. Einer der Gründe mag sein, daß hier eine Zeit lang ein Glasbodenboot, die „Kalypso-Star", auf ihrer Rundtour regelmäßig anhielt und Futter ins Wasser warf. Doch auch heute noch bleiben die Fischschwärme diesem Standort treu, obwohl die „Kalypso-Star" hier nicht mehr fährt. Zur Nordseite hin verläuft der Felsen zunächst schräg bis auf 20 Meter, um dann an einer Abbruchkante mit einer schön bewachsenen Wand senkrecht bis auf knapp 40 m abzufallen und dort auf Sandgrund zu enden. Auch an der West- und Südseite finden sich neben schrägen Abhängen stellenweise auch Steilwände, jedoch nicht in so ausgeprägter Form wie im Norden. Rund um den Bobby halten sich im Bereich der Abhänge unterhalb von 20 m kleinere Schwärme Fahnenbarsche auf. Im gesamten Gebiet finden Zackenbarsche und Muränen geeignete Unterschlüpfe.

Kamelfels

Als letzte und höchste Erhebung einer kleinen Felskette, die sich unter Wasser von einer Landspitze seewärts schiebt, ragt der Kamelfels als einziger über die Wasseroberfläche hinaus. Er ist von kegelförmiger Gestalt und fällt zum Westen hin schräg, zu den übrigen Seiten steil bis auf etwa 20 m ab. Hier ist ein ausgeprochen guter Platz, um große Schwärme von Meeräschen oder Brassen zu beobachten. Im Flachen trifft man Papageifische sowie große Mönchsfischschwärme. Am Kamelfels selbst besteht keine Ankermöglichkeit; das Tauchboot liegt in einer Bucht nahe der Landzunge. Von hier aus folgt man dem hügelförmigen Unterwasser-Riff bis zum Kamelfels. Ein Tauchge-

UW-Architektur: Zerklüftete Felslandschaften laden zum Entdecken ein.

Reich bewachsene Steilwände, klares Wasser: die Felsenwelt der Westküste.

biet, das durch einen Fischreichtum besticht, der im Mittelmeer selten geworden ist.

Klosterwand

Ein herrliches Tauchgebiet mit vielgestaltigster UW-Landschaft! Auch nach einem Dutzend Tauchgängen wird man noch Neues entdecken. Geankert wird meist über einem etwa 5 m tief gelegenen, simsartigen Vorsprung der Felswand. Von dort kann man einen L-förmigen, etwa 10 m langen Tunnel durchtauchen, dessen zweiter Ausgang in einer kleinen Einbuchtung der Felswand liegt. Die Wände des Tunnels weisen zwar kaum Bewuchs auf, lohnenswert ist er jedoch allemal. Mit ziemlicher Sicherheit entdeckt man Wollkrabben, Garnelen und andere Krebse. Außerdem ist diese Abkürzung in die Nebenbucht allein schon wegen ihrer tunnelförmigen Gestalt interessant. Kehrt man am Ausgang zum Anker-Plateau zurück, kommt man an eine Abbruchkante, die bis auf etwa 35–40 m Tiefe abfällt. Die Steilwand ist vor allem im oberen Bereich reich bewachsen, und die vielen kleinen Spalten sind voller Leben. Hier liegt auch der Eingang zu einer kleineren Höhle. Sie sollte jedoch ausschließlich von Tauchern mit entsprechenden Kenntnissen und, zumindest beim erstenmal, mit ortskundigem Führer besucht werden. Nicht umsonst heißt sie Garnelenhöhle; mitunter ziehen Tausende Einhorngarnelen an Decken und Wänden entlang. Nordwärts wird die Steilwand von großen Felsblöcken abgelöst. Einer ist haushoch und innen ausgehöhlt. Er läßt sich wie ein Torbogen durchtauchen. Die Decke und Wände sind herrlich bewachsen mit Gelben Nelkenkorallen, Schwämmen und Moostierchen. Auch Meerbarbenkönige halten sich hier gerne auf. Beim Durchtauchen Umsicht zeigen und Abstand vom Bewuchs halten! Vom Torbogen kann man zur landseitigen Felswand tauchen und an dieser entlang bis zum Ankerplatz. Die reich gegliederten Felsgründe bieten auch hier genug zum Entdecken. Mit etwas Glück kann der Taucher hier schon in geringen Tiefen größere Zackenbarsche beobachten.

Drei Zinnen

Dieses Tauchgebiet kann selbst bei Nordwind, dem Maestro, betaucht werden. Der Ankerplatz liegt direkt in der 10 m tiefen Bucht nahe der Felswand. Zur Buchtmitte hin befindet sich eine Seegraswiese, bei der mit etwas Glück ein Seepferdchen zu entdecken ist. Von der Felswand beginnend streckt sich ein langgezogenes Riff seewärts hinaus. Es hat insgesamt 3 Höcker, die bis zu einem Meter unter die Wasseroberfläche ragen. Am letzten Höcker befindet sich eine senkrechte Wand, die in 30 m Tiefe auf Sandgrund endet. Vielleicht sieht man hier mal eine Tonnenschnecke oder eine Languste. In den Nischen und Spalten der Wand verstecken sich Langusten und andere Krebstiere sowie

Kraken. Vor der Wand tanzen Fahnenbarsche mit ihrem rosa-violetten Schuppenkleid wie nach einer nicht hörbaren Melodie. Auf der westlichen und der östlichen Seite der Höcker reicht jeweils ein schräger Abfall bis auf etwa 20 m Tiefe. Den Tauchgang gestaltet man am besten, wenn er in Runden um die einzelnen Höcker führt; so bekommt man auch wirklich alles zu sehen. Ist noch etwas Luft vorhanden, bietet sich noch ein kleiner Abstecher zur Felswand in Richtung Klosterwand an, die bis zu 40 m steil abfällt. Reich zerklüftet bietet sie viele Verstecke für schattenliebende Tiere. Im Flachbereich trifft man auf dem Rückweg oft zahlreiche Brassen an. Die Wand an der linken Schulter entlang bis zum Beginn der drei Höcker – und das Boot findet sich leicht wieder.

Blaue Grotte

Beginnend an der Ecke des Leuchtturms der Alipa-Bucht bis zur Grotte, die auch über Wasser gut zu erkennen ist, erstreckt sich in 5 bis 15 m Tiefe ein Plateau. Seewärts endet es an einem Steilabfall, der bis auf 50 m reicht. Nördlich des Plateaus beginnt in 35 m Tiefe ein Überhang, der bis auf 3 m hoch reicht. Hier geht er in architektonisch äußerst reizvolle, offene Kammern über, die in die „Blaue Grotte" führen. Nach oben hin ist sie geöffnet, und der Lichteinfall bietet interessante Fotomotive für Weitwinkelfans. Der gesamte Überhang ist wunderschön bewachsen; filigrane Moostierchen wie der Neptunschleier finden hier ideale Bedingungen. Beim Tauchen entlang des Überhanges sollte man sich deshalb besonders umsichtig verhalten, um den zerbrechlichen Bewuchs zu schonen.

La Villa

Im Ankerbereich ist der 5 bis 10 m tief gelegene Sandgrund zur Landseite hin mit Felsbrocken, seewärts mit Seegras durchsetzt. Das interessantere Gebiet liegt in Richtung Südwesten. Nach wenigen Minuten erreicht man die Oberkante einer Steilwand, die bis auf 40 m abfällt. Sie ist durchsetzt mit zahlreichen Spalten und Nischen, die voller Leben sind. Folgt man der Wand in südlicher Richtung, tut sich nach wenigen Metern ein langer Kamin auf. Er beginnt in 25 m Tiefe und steigt bis auf 12 Meter hoch. Auf der gesamten Höhe fasziniert der Kamin mit herrlichem Bewuchs. Schwämme, Moostierchen und Gelbe Steinkorallen sorgen für kleine Farbtupfer. Auf den zahlreichen Hydrozoen-Kolonien weiden regelmäßig farbenprächtige Nacktschnecken. Die Spalte wird im Mittelteil etwas eng – also Vorsicht und exakte Tarierung! Folgt man weiter dieser Wand, gelangt man zu einem Höhleneingang, der in 30 m Tiefe liegt. Vom Betauchen kann generell nur dringend abgeraten werden, denn der Verlauf der Höhle ist schwierig, und der Ausgang kann schnell durch aufgewirbeltes Sediment versperrt sein! Interessanter ist da schon, den Spalt in der Wand oberhalb des Höhleneinganges anzuschauen. Er reicht bis zur Oberkante der Steilwand in etwa 10 m Tiefe und ist über die gesamte Länge voller Bewuchs.

Cristallo

Im Bereich des Ankerplatzes ist das Gelände durch zahlreiche Felsbrocken vielfach strukturiert. Am besten taucht man vom Boot in Richtung Felswand. In 10 m Tiefe beginnt eine Wand, die im weiteren Verlauf in einen Steilabfall übergeht, der bis auf 40 m Tiefe reicht. Diese Steilwand ist eine der schönsten in den Tauchgebieten um Paleokastritsa. Sie ist sehr schön bewachsen und bietet mit zahlreichen Nischen genügend Versteck für die verschiedensten Tiere. In 30 m ist die Wand überhängend. Langusten, in kleinen Spalten versteckt, fallen durch ihre langen, ins Wasser ragenden Antennen auf. Der Überhang, der bis zum Sandgrund in 40 m Tiefe reicht, ist über und über bewachsen mit Schwämmen, Moostierchen, Krustenanemonen, Seescheiden und vielem mehr. Eine herrliche Farbenpracht, die sich hier dem Taucher präsentiert!

Spilia

Schon aus weiter Ferne sieht man die Überwasser-Grotte. Bereits der Ankerplatz beeindruckt und läßt die Erwartungen steigen; das Boot wird fast von der überhängenden Decke der Grotte überdacht. Im Bereich des Ankerplatzes ist es etwa 5 m tief. Unter Wasser weitet sich die Grotte in verschiedene kleinere Spalten und Kammern aus. Die sich hier anschließende Felswand fällt im 45-Gradwinkel bis auf etwa 25 m ab. Die hier öfter auftretende leichte Strömung sorgt für das klarste Wasser im Bereich von Paleokastritsa.

Großes Riff / Liapades Riff

Vollständig unter Wasser gelegen, erstreckt sich das 50 m breite, barrenförmige Riff etwa über 200 m Länge. An der flachsten Stelle kommt es bis auf 3 m unter die Oberfläche hoch. An der langen Nordostflanke befinden sich zwei Torbögen in dem steil abfallenden Hang, einer auf 8 m, der zweite auf 25–30 m. Beide sind sehr schön bewachsen, ideal für Entdeckungen im Makrobereich; Schwämme, Moostierchen und Seescheiden kämpfen um den knappen Platz im Schatten. Taucht man aus dem zweiten Bogen hinaus, schließt sich rechter Hand eine Steilwand mit üppigem Bewuchs an. Sie führt bis zur südöstlichen Stirnseite des Riffs. Das gesamte Riff weist zahlreiche Zerklüftungen und kleine Spalten auf. Die Oberseite ist über weite Teile terrassenförmig ausgestaltet, und die einzelnen Kalksteinlagen liegen wie Blätterteig übereinander geschichtet. Hier im Flachbereich finden unglaublich viele Drachenköpfe Unterschlupf in den Spalten. Im August/September trifft man hier stellenweise auf sehr große Zackenbarsche.

Im Schutz von Algen lauert ein Großer Roter Drachenkopf (Scorpaena scrofa) auf Beute (oben).
Den Tag verbringen Langusten (Palinurus elephas) versteckt in Felsspalten, doch ihre langen Antennen ragen verräterisch heraus (unten).

Odysseus / Kolovri

Eins der absoluten Spitzenreviere. Südlich von Paleokastritsa und etwa 500–600 m vor der Küste gelegen, erhebt sich dieser bekannte Felsen allseits steil aus dem Meer. Einer Sage nach wurde das Schiff, welches Odysseus nach Ithaka brachte, vor der Küste Korfus von Poseidon zu Stein verwandelt. Verschiedene Felsen vor der Westküste werden mit dem versteinerten Schiff in Verbindung gebracht, so auch dieser. Geankert wird an der südlichen Seite des Felsens an einem schmalen Plateau, das von 30–35 m Tiefe bis 3 m unterhalb der Wasseroberfläche hochkommt. Direkt am Ankerplatz befindet sich ein Torbogen, der von 25–30 m Tiefe bis kurz unter die Wasseroberfläche reicht. Der Bewuchs ist überwältigend: Schwämme in allen Farben – Rot, Gelb, Orange und Blau – wechseln sich ab mit Moostierchen und Nelkenkorallen. Quadratmeterweise ist der Fels vor dem Torbogen überzogen mit Rotalgen in den schillerndsten Rottönen. Wird nachmittags hier getaucht, steht die Sonne so, daß ihre Strahlen durch den Torbogen scheinen – eine Augenweide nicht nur für UW-Fotografen. Im Sonnenlicht lassen sich oftmals Hunderte von Sardinen in einem großen Schwarm direkt unter dem Torbogen hin- und hertreiben. Taucht man durch den Torbogen nach rechts die Wand entlang, stößt man in etwa 10–20 m Tiefe auf zahlreiche Haarsterne. An der südwestlichen Spitze fällt die Wand fast senkrecht ab. Das Echolot mißt hier 80 m Tiefe! Der Odysseus-Fels kann auch in einem Tauchgang von erfahrenen Tauchern umrundet werden, wobei aber keine größeren Tiefen aufgesucht werden können (Luftverbrauch!). Es empfiehlt sich jedoch, dieses Gebiet in mehreren Tauchgängen zu erkunden. Auch die nördliche Seite ist unbedingt sehenswert. Hier ist ein Überhang, der von 50 m Tiefe bis zur Wasseroberfläche reicht. Die Wand ist durchbrochen von kleinen Spalten und Nischen, die von verschiedensten Bewohnern besetzt sind. In diesem Schattenbereich ist der Bewuchs besonders reichhaltig. Auf jeden Fall ist der Odysseus ein Tauchgebiet der Superlative, überwältigend selbst für erfahrenste Taucher.

Schweizer Käse

Südlich vom Odysseus liegt dieser Tauchplatz in einer kleinen Bucht der Felsküste. Der Tauchgang startet am besten an der nördlichen Felsnase der Bucht. Hier ist ein „Blauer Topf“, der in 3 m Tiefe mit einer großen, runden Öffnung im Riffvorsprung beginnt und bis auf 25 m Tiefe reicht. Die Röhre ist jedoch nicht allseits geschlossen, zur Bucht hin öffnet sie sich fast über die gesamte Höhe mit einem bequem zu passierenden Spalt, und seewärts liegt ein weiterer Ausgang in 20 m Tiefe. Diese brunnenartige Aushöhlung ist wunderschön bewachsen. Oft sind Langusten und Bärenkrebse anzutreffen. Verläßt man den Schacht in Richtung Bucht und taucht im Flachbereich die Wand entlang, gelangt man nach wenigen Minuten zum Eingang einer kleinen Höhle. Der

Riesig: der Torbogen bei der Klosterwand.

Eingang ist durch eine Querstrebe unterteilt. Die Höhle ist nur wenige Meter lang und liegt im 1–5-Meter-Bereich, doch bietet sie einen herrlichen Ausblick durch das einfallende Tageslicht – ein einmaliges Fotomotiv. In kleinen Ecken und Mulden verstecken sich außerdem verschiedene Garnelen und Krabben. Der Fels ist noch weiter durchlöchert: In der kleinen Höhle reicht ein Spalt hinab, der jedoch zum Betauchen zu schmal ist. Aber mit der Lampe kann man bis zum etwa 20 m tiefen Grund leuchten und auch so alles sehen. Alles in allem ein wunderschönes Tauchgebiet.

Anker / Wrack

An diesem Tauchplatz liegen die Reste eines Kriegsschiffes. Der Ankerplatz befindet sich in einer kleinen Einbuchtung der Steilküste. In diesem Bereich ist der Steilabfall unter Wasser von einem größeren Plateau unterbrochen. Die Wassertiefe beträgt dicht bei der Felswand nur durchschnittlich 10 Meter, seewärts fällt der Boden schräg ab. Gegenüber dem Nordwestende des Plateaus ragt ein etwa 30 m breites Riff bis auf 11 m Wassertiefe empor. Seewärts fällt es schräg bis auf etwa 80 m Tiefe ab. Über dem gesamten Riffrücken liegt eine dicke Ankerkette; ein einzelnes Kettenglied hat die Länge eines Unterarmes. Beginnend vom Grund in etwa 30 m Tiefe auf der landwärtigen Seite zieht sich die Ankerkette das Riff hoch, liegt quer über dem gesamten Riffrücken und reicht seewärts bis auf 26 m Tiefe hinab. An diesem Kettenende befindet sich der Anker. Er mißt 3 Meter, reicht also bis auf 29 m Tiefe hinab und „klebt“ direkt an der Felswand. Vom Wrack selbst sieht man nur noch stark demolierte Einzelteile, die weit verstreut über die gesamte Bucht liegen – auf Tiefen zwischen 8 und 35 Metern.
Peter Flitcroft hat mit Hilfe einiger Fundstücke die Geschichte des Wracks vom Imperial War Museum in London in Erfahrung gebracht. Danach handelt es sich um die Wrackteile des Minenräumers „HMS Regulus“. Es gehörte zur Algerine-Klasse und war damit einer der größten und schnellsten Minenräumer der Royal Navy. Bei einer Länge von 71,6 m und einer Wasserverdrängung von 1.010 Tonnen erreichte es eine Geschwindigkeit von 16,5 Knoten. Am 20. Juni 1944 wurde es in Toronto fertiggestellt und sank bereits am 12. Januar 1945 vor Korfu durch eine Mine. Die Wucht der Explosion zerfetzte das Schiff völlig, und den Rest der Zerstörung haben wohl die Winterstürme besorgt. So blieben lediglich die massive Ankerkette und der Anker intakt, diese sind jedoch besonders eindrucksvoll. Die Kette ist größtenteils schon fest mit der Felsunterlage verkittet und wie der Anker teilweise bewachsen.

Steilwand / drop-off

Zwischen Ermones und dem Odysseus-Felsen, unmittelbar südlich der Bucht mit dem Tauchgebiet „Anker“, liegt ein weiteres Tauchgebiet an einer Steilwand. Die Küste verläuft hier als senkrechter Steilabfall, der sich unter Wasser fortsetzt und bis auf 80 m Tiefe reicht. An der Wand kann daher nicht geankert werden. Bei ruhiger See – und nur dann wird dieses Gebiet angefahren – können die Taucher unmittelbar an der Steilwand das Tauchboot verlassen. Dieses wartet entweder vor der Wand oder es geht in der nördlich von der Steilwand gelegenen Bucht vor Anker, wo es etwa 10–20 m tief ist. Der Tauchgang verläuft dann entlang der Steilwand in Richtung Norden bis zur Ankerbucht. Der Bewuchs ist an der Wand nicht gerade üppig, weite Teile sind sogar ausgesprochen kahl – aber immer wieder gibt es Spalten und Nischen, die dafür um so reichhaltigeres Leben beherbergen. Sie werden von Krebsen, kleinen Barschen oder Kraken bewohnt und zeigen den typischen, reichen Bewuchs der Schattenbereiche. Kleine Schwärme von Mönchsfischen oder etwas tiefer von Fahnenbarschen stehen direkt vor der Wand. Kurz vor der Bucht fällt ein tiefer Spalt auf, der in etwa 12 m Tiefe beginnt und, sich nach unten leicht verbreiternd, bis in etwa 30 Meter Tiefe reicht. Es ist der schmale, vertikale Eingang zu einer Höhle, der jedoch nur im unteren Bereich zu passieren ist. Keinesfalls sollte man jedoch ohne entsprechende Erfahrung und ortskundige Begleitung hineintauchen. Am besten konzentriert man sich auf den äußeren Eingangsbereich – zumal er den reichhaltigsten Bewuchs zeigt. Überall sind kleine Galerien, Nischen und Vorsprünge, die dicht von Kalkrotalgen, Korallen, Schwämmen und Seescheiden bewachsen sind.

Tauchgebiete um Othoni

Othoni ist zusammen mit Erikussa die nördlichste Insel Griechenlands. Sie ist einsam gelegen und hat fernab von jeglichem Tourismus noch ihre Ursprünglichkeit bewahrt. Die kleine gebirgige Insel erhebt sich bis etwa 400 m über den Meeresspiegel. Der Bewuchs der Insel ist ähnlich wie auf Korfu; es ist eine grüne Insel mit vielen Olivenbäumen, aber wenigen Einwohnern. Selbst im Sommer leben kaum mehr 200 Menschen hier, von denen einige zudem in den Wintermonaten die Insel verlassen und entweder nach Korfu oder aufs Festland gehen. Es gibt zwei Hafenanlagen auf der Insel. Der eine ist ein kleiner Fischerhafen, der nur von kleinen Fischerbooten aufgesucht wird. Der andere ist ein offener Hafen mit einer kleinen Mole für Segeljachten, die hier auf ihrem Weg von Italien nach den Ionischen Inseln Halt machen. Um den Hafenbereich stehen etwa 20 Häuser, ein weiteres kleines Dorf befindet sich oberhalb des Hafens in den Bergen. Ansonsten ist die Insel nicht weiter besiedelt. Der Norden der Insel ist ein einziger Steilabfall, die übrigen Küsten fallen schräg sanft ab.

Othoni-Wrack
Das Wrack liegt an der Nordseite von Othoni an einer Riffplatte. Diese fällt von 5 m auf etwa 35 m Tiefe steil ab. Über die genaue Herkunft und das Alter des Wracks war nichts in Erfahrung zu bringen. Nach Aussagen von Bewohnern Othonis liegt das Wrack schon seit über 40 Jahren hier. Vermutet wird, daß es aufgrund eines Maschinenschadens oder bei Nebel auf der Schiffahrtsroute von Korfu nach Brindisi auf das Riff lief. Es handelte sich um einen Frachter, der Zementsäcke geladen hatte. Diese liegen heute noch, inzwischen in versteinerter Form, im Frachtraum. Das Stahlschiff hängt mit dem Bug in 5 m auf der Riffkante, das Heck mit seiner großen Schraube liegt in 35 m Tiefe auf Sandgrund. Das Heckteil ist gut erhalten und üppig mit Schwämmen, Moostierchen und anderem Aufwuchs bedeckt. Es kann gefahrlos betaucht werden, keine herumhängenden Kabel oder andere Teile gefährden den Taucher. Auch der Laderaum ist groß und geräumig genug zum Hineintauchen. Die Maschine ist nicht mehr vorhanden, lediglich eine Toilette ist noch im Innenbereich vorhanden, die schon öfter als Fotomotiv herhalten mußte. Muränen, Drachenköpfe, Krebse und Langusten haben heute das Wrack erobert. Bei starkem Nordwind ist das Wrack nicht zu betauchen. Der Maestro steht dann direkt auf der Küste und macht Tauchen und Ankern unmöglich.

Leuchtturm
An der Südseite, etwa 2 km vom Hafen entfernt, befindet sich ein Steilabfall, der bis auf 25–28 m Tiefe reicht. Das Bemerkenswerte an diesem Gebiet ist, daß sich auf einer Strecke von etwa 300 m Spalten, Löcher, Grotten, Durchbrüche und kleine Höhlungen abwechseln. Somit ist die gesamte Wand besonders abwechslungsreich gestaltet. Die kleinen Höhlen sind gerade geräumig genug zum Betauchen; der Grund besteht aus Kies, ein Aufwirbeln von Sediment ist daher nicht möglich. Alles besticht durch den typischen, schattenliebenden Bewuchs. Im flacheren Bereich befinden sich Schwärme von Mönchsfischen und Sardinen unmittelbar vor der Riffwand.

Calypso-Höhle
Getaucht wird nicht in der Höhle, da es sich tatsächlich um eine Überwasser-Grotte handelt, die trockenen Fußes begangen werden kann. Schon vom Boot aus ist sie weithin sichtbar. Auch bei den einheimischen Fischern ist die Calypso-Höhle unter diesem Namen bekannt. Das eigentliche Tauchgebiet liegt an der südwestlichen Küste neben dem Leuchtturm. Das Tauchboot ankert an einem der Küste vorgelagerten, einzeln stehenden Fels. Es geht einmal um den Fels herum, der Grund ist 10–15 m tief und besteht aus gruppiertem Gelände. Hier treten öfter Strömungen auf, dafür ist das Wasser

besonders klar. In etwa 10 m Tiefe gelangt man an die Küstenlinie. Hier befindet sich ein großer Torbogen, der sehr schön bewachsen ist mit Gelben Nelkenkorallen, farbigen Schwämmen und Moostierchen. Die Erkundung der Calypso-Höhle läßt sich gut mit einem kleinen Schnorchel-Ausflug verbinden. Man schwimmt zur Küste und geht an Land. Wie ein Gewölbe beugt sich eine Felsendecke über den Strand – man steht vor dem Höhleneingang. Er ist etwa 7 m breit und ebenso hoch. Die Höhle zieht sich tunnelartig gut 35 m tief in den Fels hinein, wobei Ein- und Ausgang immer zu sehen sind. Der Tunnel öffnet sich auf der anderen Seite des Felsens mit einem zweiten Ausgang. Man kann hier wieder ins Wasser springen und zurück zum Boot schnorcheln. Dieses Gebiet ist unbedingt einen Ausflug wert. Er beginnt mit einem Tauchgang und reicht bis zu einer kleinen Entdeckungsreise in der Calypso-Höhle.

Bestens gewappnet: ein Großer Einsiedlerkrebs (Dardanus calidus) mit seiner nesselnden „Leibgarde“, mehreren Schmarotzerrosen (Calliactis parasitica).

Die Tauchbasen

Übersichtskarte auf Seite 8

Es gibt auf Korfu insgesamt fünf Tauchbasen, davon vier unter englischer und eine unter deutscher Leitung. Corfu-Diving, Ionian Divers und Calypso Diving liegen an der Westküste, die Water Hoppers und Nautilus Diving befinden sich an der Ostküste. Die Tauchsaison auf Korfu beginnt im Mai und geht bis in den Oktober hinein.

Corfu-Diving (unter deutscher Leitung)
In der westlichsten Bucht Paleokastritsas, gegenüber dem Klosterberg, liegt die Tauchschule Corfu-Diving. Etwa 200 m abseits vom lebhaften Hauptstrand ist diese Bucht nur über einen Fußpfad zu erreichen, was sehr zur beruhigten Lage an dem hübschen Sand-/Kiesstrand beiträgt. Die Basis ist ein einsam gelegenes Gebäude direkt in der Bucht. Obwohl unmittelbar am Strand gelegen, ist sie doch größtenteils im dichten Grün verborgen. Der Hügel, an dessen Fuß sich das Gebäude befindet, ist ein einziger mit Zypressen durchsetzter Olivenhain. Am besten orientiert man sich beim ersten Besuch an dem basiseigenen Bootssteg, an dem die beiden Tauchschiffe, die „Barrakuda III" und die „Nautilus" festmachen. Die „Barrakuda III" ist ein Kaiki, ein landestypischer Holzkutter von 10 m Länge, das jedoch speziell für den Tauchbetrieb gebaut wurde und entsprechende Merkmale aufweist. Angetrieben von einem 63 PS Rolls Royce Diesel, dauern die Anfahrten zu den über 25 regelmäßig besuchten Tauchgebieten nur zwischen 5 und 25 Minuten. Diese liegen vom Gebiet um Paleokastritsa bis in den Süden zum Tauchplatz Anker. Abhängig vom Bedarf finden mehrere Ausfahrten täglich statt. Die „Nautilus" ist ein modernes, über 9 m langes Kajütboot mit Taucherplattform am Heck. Das 300 PS starke Schnellboot wird für Tagesfahrten zu entfernten Tauchplätzen – bis Paxos im Süden und den Othonischen Inseln im Norden – eingesetzt. Geleitet wird die perfekt organisierte Basis bereits seit 1969 von Rolf Weyler, VDST/CMAS Tauchlehrer, Tauchpionier in Griechenland und einer der ersten Basisleiter im Mittelmeer. Die Erfahrung aus 25 Jahren Tauchausbildung macht sich im reibungslosen Tauchbetrieb und vielen durchdachten Details bemerkbar. Mit großer Sorgfalt erfolgt die Anfängerausbildung. Ein paar eigene „Erfindungen", wie ein Seilparcours in der Hausbucht mit Installationen zum Durchtauchen, sorgen für Spaß und fördern den Sinn für Koordination und Tarierung. Fortgeschrittene Taucher finden hier die besten Tauchgebiete Korfus direkt vor der Haustür. Die Basis bietet Abnahmemöglichkeiten von VDST/CMAS-Brevets bis einschließlich Gold. Nachttauchgänge werden von Land aus am Hausriff durchgeführt. Die Basis ist mit zwei Bauer-Kompressoren (Gesamtleistung 600 Liter Lieferleistung pro

Minute) ausgestattet sowie 70 Druckluftflaschen, wahlweise Alu oder Stahl, alles 10-Liter-Geräte mit DIN-Anschluß. Tarierwesten, Neopren und Atemregler sind ebenfalls reichlich vorhanden. Drei Aquazepps stehen für Fahrten vom Bootssteg aus zur Verfügung.

Basen unter englischer Leitung

Calypso Diving
Das Calypso Diving Center liegt in der Bucht von Agios Gordis, direkt am Sandstrand. Vom Ende der Zufahrtsstraße, die bis zum Strand führt, sind es etwa 250 m. Eigentümer der Basis ist Andreas Doukakis, die Ausbildung und Tauchausfahrten werden von mehreren englischsprachigen Instruktoren betreut. Die Ausbildung erfolgt nach PADI, Beginnerkurse starten wöchentlich. Die Basis verfügt über ein 9 m langes, 185 PS starkes Hartschalenboot, geeignet für 15 Taucher sowie über mehrere 5,5 m lange Schlauchboote, die jeweils 10 Taucher aufnehmen können. Ausfahrten werden zweimal täglich angeboten, regelmäßig angefahren werden über 13 Tauchgebiete. Diese liegen zwischen dem Großen Riff (Liapades Riff) als nördlichstes Gebiet und dem Marathea Riff weit im Süden. Angeboten werden daneben nach Absprache auch Tagesfahrten nach Paxos. Zum Verleih stehen ca. 11 komplette Ausrüstungen, getaucht wird mit Stahlflaschen (10 und 15 Liter). Von den zwei Bauer-Kompressoren steht einer auf der Basis, der andere auf dem großen Boot.

Ionian Divers
In der Bucht von Ermones liegt die Tauchbasis Ionian Divers, die seit 1994 von Paul und Liz Chapman geleitet wird. Die Ausbildung erfolgt hier nach BSAC. Beginnerausbildung wird zur Zeit (Stand 1994) noch nicht angeboten. Die etwa 15 Tauchplätze liegen zwischen der Bucht von Ermones bis hin zum Odysseus-Felsen und dem Liapades Riff südlich von Paleokastritsa. Sie werden mit einem 5 m langen, 75 PS starken Schlauchboot mit kunstoffverstärktem Kiel sowie mit einem 10 m langen, 180 PS starken Hartschalenboot angefahren. Das größere Boot kann etwa 15 Personen aufnehmen. Zur Ausrüstung gehören etwa 20 Stahlflaschen (10 und 12 Liter) sowie insgesamt 15 komplette Leihausrüstungen.

Water Hoppers
Am südlichen Ende des Strandes von Ipsos liegt die Tauchschule Water Hoppers. Die Ausbildung erfolgt nach BSAC. Schwerpunkt der Basis sind Schnupperkurse und Beginnerausbildung, mit teilweise bis zu 180 Ein-

Die Bucht von Ag. Gordis im Bereich vom Calypso Diving Center.

Die Tauchbasis Corfu-Diving in Paleokastritsa.

Schlauchboot von Ionian Divers in der Bucht von Ermones.

Büro und Magazin von Ionian Divers in Ermones.

führungstauchgängen pro Tag. Zwei große Boote, eins für etwa 120 Personen, das andere für 30 Personen gehören zur Ausrüstung. Angefahren werden, entsprechend dem Schwerpunkt Ausbildung, nur etwa vier verschiedene Tauchplätze.

Nautilus Diving
Seit 1984 betreibt Lindsay Hollingdale eine Tauchbasis in Moraitika. Unterstützt wird sie von Pavlos Skordalis, ihrem griechischem Ehemann. Nach mehrmaligen Umzügen ist die Basis nun im Messonghi Beach Hotel untergekommen. Ausgebildet wird nach BSAC bis hin zum Advanced Diver, der Schwerpunkt liegt jedoch auf der Beginnerausbildung. Zur Ausstattung gehören neben 8 kompletten Leihausrüstungen ein Land-Rover, ein 5,5 m langes, 75 PS starkes RIB (Schlauchboot mit verstärktem Kiel) sowie der 13,6 m lange und 125 PS starke Kutter „Viking". Der Kutter wird vornehmlich zur Beginnerausbildung und zu einem Schnuppertauchgang im Rahmen einer ganztägigen Ausflugsfahrt (4x wöchentlich) eingesetzt. Er ist für maximal 25 Beginner ausgelegt und fährt ausschließlich entlang der Ostküste. Für fortgeschrittene Taucher gibt es an 4 Tagen in der Woche Ausfahrten: Dabei fährt man zunächst mit dem Land-Rover zur wesentlich interessanteren Westküste – das Schlauchboot wird auf einem Trailer mitgenommen. Dann geht es mit dem Schlauchboot zu einem der etwa 10 Tauchplätze, die mit dem schnellen Boot in durchschnittlich 15 Minuten erreicht sind.

Mittelmeer in Not: eine Chance dem Leben im Meer

Tatsache ist, daß unser „Hausmeer“ – das Mittelmeer – extremen Belastungen ausgesetzt ist und in vielen Gebieten als krank zu bezeichnen ist. Das ist nichts Neues, schließlich berichten sämtliche Medien immer wieder von den Problemen, vorausgesetzt sie sind spektakulär genug. Etwa wie die Algenpest an der italienischen Adriaküste, das Massensterben von Streifendelphinen oder Tankerkatastrophen. Die Belastungen, die das Mittelmeer auszuhalten hat, sind jedoch vielgestaltiger, oft versteckter und die Wurzeln des Übels entsprechend komplex. Da ist z. B. die intensive Ausbeutung der Fischbestände – die Folgen der Überfischung nimmt man natürlich erst durch einen Vergleich mit früheren Zuständen wahr. Die dauernde Ölbelastung macht sich durch die zahllosen Teerklumpen an vielen Stränden bemerkbar. Kommunale Abwässer der Küstenorte tragen ganz erheblich zur Meeresverschmutzung bei, und auch die weit über 100 Millionen Touristen, die jährlich das Mittelmeer besuchen, haben hieran ihren Anteil. Der Müll der Städte und Industrieabwässer mit ihrer gefährlichen Fracht reihen sich ebenfalls in die lange Liste dieses Elends ein. Trotz all dieser wahrhaft alarmierenden Tatsachen kann man an vielen Stellen des Mittelmeeres noch ungetrübten Urlaub verbringen, denn die Belastungen sind regional außerordentlich unterschiedlich.

Aufgrund der Insellage und fehlender Industrie gehört Korfu zu den mit Abstand am wenigsten belasteten Gebieten. Die Unterwasserwelt des Mittelmeeres zeigt sich hier noch von seiner besten Seite. Weitgehend intakte Tauchgebiete mit klarem Wasser und einer vielfältigen Tier- und Pflanzenwelt erwarten den Taucher. Zu Recht können sich Urlauber und insbesondere Taucher darüber freuen und die erlebte Natur genießen! Es sollte aber auch Anlaß sein zum Nachdenken – darüber wie man sie schützen und erhalten kann.

Das Tauchen bietet die einmalige Chance, eine den meisten Menschen fremde Welt mit eigenen Augen zu sehen. Das Kennenlernen vielfältigster Lebensformen und das Staunen über diese faszinierende Welt sind geeignet wie sonst kaum etwas, sich für dieses faszinierende Stück Natur stark zu machen. Denn nur wer etwas kennt, wird sich für dessen Schutz interessieren. Es gibt vielfältige Möglichkeiten, sich für die Unterwasserwelt einzusetzen. Hier seien die verschiedenen Naturschutzverbände erwähnt oder gezielte Initiativen, die sich beispielsweise gegen das Harpunieren oder die Treibnetzfischerei richten. Man kann aber auch durch das eigene Verhalten als Taucher dazu beitragen, daß die Tauchgebiete nicht zusätzlich und unnötig belastet werden. Der Effekt mag zunächst vergleichsweise gering erscheinen, doch die Menge der Taucher macht's, und mit der anwachsenden Zahl von Tauchern gewinnt der Umgang mit der UW-Welt immer mehr an Bedeutung. Umsichtige Bewegungen, eine Präzisions-Tarierung und vor allem die Einsicht, daß wir Gast sind unter Wasser und uns entsprechend verhalten, sind Grundvoraussetzungen für umweltgerechtes Tauchen. Hierzu eine allgemeine, aber wesentliche Regel:

Tauche wie Dein Schatten,
hinterlasse keine Spuren!

So können Taucher zu wertvollen Verbündeten der Natur werden, die diese heute nötiger braucht denn je.

Nur mit dem Boot zu erreichen: die Hormus-Bucht in der Nähe des Odysseus-Felsens.

Korfu von A – Z

Anreise

Flugzeug
Während der Reisesaison, von Anfang Mai bis Ende Oktober, werden von den meisten bundesdeutschen Flughäfen preiswerte Charter-Direktflüge nach Korfu angeboten. Die Flugzeit ab Frankfurt/Main beträgt etwa 2 Std. 30 min. Ganzjährig besteht natürlich die Möglichkeit, mit vergleichsweise teuren Linienflügen via Athen nach Korfu zu fliegen.

Auto
Unabhängig von der Situation im ehemaligen Jugoslawien ist die Anreise über Italien kürzer und bequemer. In den Sommermonaten stehen in Italien verschiedene Fährhäfen zur Auswahl, die Korfu regelmäßig anfahren. Dies sind, von Nord- nach Süditalien (in Klammern die ungefähren Überfahrtzeiten in Stunden): Venedig (26), Ancona (22), Ortona (21), Bari (10), Brindisi (9) und Otranto (4–5). Rechtzeitige Reservierung der Passage ist unbedingt zu empfehlen.

Bahn
Prinzipiell ist die Anreise mit der Bahn zwar möglich, sie ist jedoch anstrengend und ausgesprochen zeitraubend. Hinzu kommt noch die Fahrtzeit mit dem Schiff.

Autovermietungen
In Korfu-Stadt und am Flughafen sind die international bekannten Autovermietungen vertreten. In den Touristenorten gibt es meist eine ganze Reihe größerer und kleinerer Auto- sowie Motorrad- und Mopedvermietungen.

Apotheken
gibt es auf der ganzen Insel, selbst in vielen Bergdörfern. Sie sind zu erkennen an einem roten oder grünen Kreuz auf weißem Grund. In jeder gibt ein Anschlag, allerdings in griechischer Sprache, Auskunft über die notdiensthabende, 24 Std. geöffnete Apotheke.

Arzt
Eine ärztliche Grundversorgung ist gesichert, in Korfu-Stadt gibt es Ärzte, Zahnärzte und ein Krankenhaus. In Griechenland ist es üblich, Arztleistungen bar zu bezahlen. Über die Modalitäten der Rückerstattung in Deutschland

informiert man sich bei seiner Krankenkasse. Gegebenenfalls ist der Abschluß einer Auslandskrankenversicherung zu empfehlen.

Busse
Korfu verfügt über ein recht gutes, preiswertes und pünktliches Linienbusnetz. Vom Busbahnhof Spilia westlich der Neuen Festung fahren die grünen Busse ab, sie verbinden Korfu-Stadt mit den weiter entfernt liegenden Orten. Die blauen Busse starten am San-Rocco-Platz. Sie bedienen Korfu-Stadt und fahren die stadtnahen Orte an, wie z. B. Dasia oder Pelekas.

Camping
Es gibt ein gutes Dutzend Campingplätze auf Korfu, die zwischen April und Oktober geöffnet haben. Wildes Camping ist nicht erlaubt. Detaillierte Informationen gibt der ADAC-Campingführer Südeuropa.

Elektrizität
Auf der ganzen Insel gibt es 220 Volt Wechselstrom, Steckdosen entsprechen in der Regel der Euronorm.

Essen und Trinken
Neben der traditionellen griechischen Küche haben sich auf Korfu, wie überall, längst Pizza, Schnitzel und Pommes frites fest etabliert. Doch nicht nur in Bergdörfern findet man trotzdem ursprüngliche Landeskost; selbst in Touristenorten hat man die Auswahl zwischen Landesküche und internationaler Gastronomie. Griechische Küche ist schlicht und bodenständig, gute frische Zutaten, aber eine einfache Zubereitung sind typisch. Raffinierte Saucen, auserlesene Kompositionen oder Menüs wie in Italien oder Frankreich sind hier unbekannt. Wichtigster Bestandteil ist Olivenöl, und das meist reichlich; darin schwimmt oder schmort fast alles. Die Speisekarte scheint erst mit den Touristen ins Land gekommen zu sein; dort ist meist vieles aufgeführt, was nicht zu bekommen ist. Griechischer ist es, sich aus den Empfehlungen des Kellners etwas auszusuchen. Ein paar Spezialitäten:

<u>Vorspeisen oder Beilagen</u>
Tsatzíki: Joghurt mit geraspelten Gurken, Knoblauch und Dill (äußerst beliebt, pur oder mit Brot)
Táramosálata: Püree aus Fischrogen, Kartoffeln und Öl
Féta: Schafskäse. *Saganáki:* gebratener, sehr fester Hartkäse
Dolmadákia: mit Hackfleisch und Reis gefüllte Weinblätter, kalt serviert
Koriátiki: der klassische Bauernsalat, wird überall angeboten. Tomaten, Gurken, Paprika, Zwiebeln, Oliven und Feta. Olivenöl darf nicht fehlen.

Hauptspeisen
Moussaká: geschichteter Auflauf aus Auberginen, Hackfleisch, Kartoffeln und Bechamelsoße
Pastitsáda: Rinderbraten mit Nudeln und Tomatensoße, eine korfiotische Spezialität
Pastítsio: Makkaroni-Auflauf mit Hackfleisch und Tomaten
Sofríto: eine ursprünglich korfiotische Spezialität, die heute in ganz Griechenland bekannt ist: Rinderschmorbraten in Essig/Knoblauchmarinade
Stifádo: Rindergulasch mit kleinen, ganzen Zwiebeln
Souvláki: am Spieß gegrilltes Rind- oder Schweinefleisch

Obwohl vom Meer umgeben, sind Meerestiere das Teuerste, was man essen kann. Griechenland unterscheidet sich darin nicht von anderen Mittelmeerländern. Angeboten wird Kalamarákia (Kalmare), Oktapódi (Krake), Astakós (Hummer), Garídes (Garnelen), Marídes (kleine Sardinen).

Getränke
Neró: in Flaschen abgefülltes stilles Mineralwasser, allgegenwärtig, da auch von den Korfioten bevorzugt
Kafés: starker griechischer Kaffee, der in Mokkatäßchen serviert wird. Bei der Bestellung sollte man deutlich machen, daß man nicht den Neskafé meint
Neskafé: Instant-Kaffee, inzwischen weit verbreitet (me gála – mit Milch; chorís gála – ohne Milch)
Frappé: kalter Instant-Kaffee mit Eisstücken
Oúzo: das griechische Nationalgetränk. Starker Anisschnaps, wird pur getrunken oder mit Wasser versetzt, wodurch er milchig eintrübt
Retsína: geharzter Weißwein mit ganz eigenem Aroma

Feiertage
Das bedeutendste religiöse Fest ist Ostern, welches im griechisch-orthodoxen Kalender auf einen anderen Termin fällt als unser lateinisches Osterfest. Ein Nationalfeiertag ist der 28. Oktober, der Ochi-Tag. Ochi (griech. nein) war 1940 die Antwort Griechenlands auf das Ultimatum Mussolinis, sich Italien kampflos zu ergeben, worauf eine Invasion und Besetzung durch Italien folgte. Der 21. Mai wird ebenfalls als Nationalfeiertag begangen, zur Erinnerung an die Vereinigung der Ionischen Inseln mit Griechenland 1864. Zu Ehren des Inselheiligen St. Spiridon werden auf Korfu an folgenden Feiertagen Prozessionen durchgeführt bzw. die Reliquie ausgestellt: Palmsonntag (Überwindung der Pest 1629), Ostersamstag (Beendigung der Hungersnot 1550), 11. August (Sieg über die Türken 1716), 1. Sonntag im November (Überwindung der Pest 1673), 12. Dezember (Namenstag des Heiligen).

Filme
Sind auf Korfu wesentlich teurer als in Deutschland, außerdem ist die Auswahl begrenzt. Einen ausreichenden Vorrat seines bevorzugten Materials sollte man daher mitbringen.

Geld
Währungseinheit ist die Drachme (Dr. bzw. Drs.). Es gibt Banknoten zu 50, 100, 500, 1000 und 5000 Drachmen, sowie Münzen zu 1, 2, 5, 10, 20, 50 und neuerdings auch 100 Drachmen. Die kleinen Münzen sind relativ bedeutungslos, da üblicherweise auf glatte Summen aufgerundet wird. Das sollte man auch beim Trinkgeld beachten und niemanden mit kleinen Beträgen (unter 50 Drs.) beleidigen. Die Wechselkurse sind in Griechenland wesentlich günstiger als in Deutschland, wenn überhaupt sollte daher nur ein kleiner Betrag zu Hause umgetauscht werden. Bereits in der Ankunftshalle des Flughafengebäudes gibt es eine Wechselstube der Post. Geldwechsel ist in allen Postämtern, Banken und verschiedenen Wechselstuben möglich. Öffnungszeiten der Banken sind montags bis donnerstags von 8.00 bis 14.00, freitags nur bis 13.30. Kreditkarten werden von allen Banken, vielen Reisebüros, Autovermietungen, größeren Hotels und Souvenirgeschäften akzeptiert.

Geschäftszeiten
Öffnungszeiten der Geschäfte in Korfu-Stadt: dienstags, donnerstags und freitags von 8.30 bis 13.30 und von 17.30 bis 21.00; montags, mittwochs und samstags von 8.30 bis 14.00 oder 15.00. Viele Touristenläden halten sich jedoch nicht an diese Zeiten und haben den ganzen Tag über geöffnet, das gilt auch für viele Shops in den Touristenorten.

Konsulat
Sämtliche Botschaften befinden sich in Athen, auf Korfu gibt es jedoch ein Deutsches Konsulat: Guilford Straße 57, 49100 Kerkyra (Korfu-Stadt), Tel.: (0661) 31453.

Notruf
Polizei: Telefon 100
Erste Hilfe/Krankenwagen: Telefon 166

Post und Telefon
Post- und Telefonamt sind in Griechenland zwei völlig getrennte Einrichtungen. Auf der Post kann man Geld wechseln, Briefe und Pakete aufgeben und abholen – aber man kann nicht telefonieren. Das Hauptpostamt liegt in der Alexandras Avenue und ist montags bis freitags von 7.30 bis 20.00 geöffnet.

Für Telefonate und Telegramme ist das Fernmeldeamt OTE zuständig. Das Hauptamt befindet sich in der Mantzarou Straße, eine Niederlassung in der Kapodistriou Straße. Beide haben von morgens bis spät abends geöffnet. Die Vorwahlnummer für Deutschland ist 0049, für Österreich 0043, für die Schweiz 0041.
Die Vorwahl für Korfu ist abhängig von der Region. Für Korfu-Stadt und die mittlere Inselregion: 0661. Für den Norden (z. B. Kassiopi, Roda, Paleokastritsa): 0663. Für den Süden (z. B. Lefkimi): 0662.

Siesta
ist etwa zwischen 14.30 und 17.00. Dann haben viele Läden geschlossen, und es ist Zeit für den geheiligten Mittagsschlaf.

Sprache
Die Griechen haben eine ganz einzigartige Schrift, die sonst nirgends auf der Welt benutzt wird. Leider gibt es kein allgemeingültiges System, griechische Wörter in unserer Lateinschrift wiederzugeben. So muß man sich damit abfinden, daß von einem Wort oft gleich mehrere Schreibweisen existieren. Die folgenden Ausdrücke sind nützlich zu kennen, man wird sie oft hören, besonders häufig sind die Höflichkeitsformen. Die richtige Aussprache ist für das Verstandenwerden äußerst wichtig, daher ist die betonte Silbe mit einem Akzent versehen.

parakaló	bitte (damit kann auch der Kellner gerufen werden)
efcharistó	danke
ne	ja
óchi	nein
jámas	Prost, auf unsere Gesundheit
kaliméra	guten Tag (bis zur Mittagszeit)
kalispéra	guten Abend (bis in die Nacht hinein)
kaliníchta	gute Nacht
Jássu	grüß Dich
Jássas	grüß Euch
entáxi	in Ordnung
sigá, sigá	langsam, langsam
kaló	gut
megálos	groß
mikrós	klein
adío/adíosas	auf Wiedersehen (zu einem/zu mehreren)

Taxi
Taxenstände finden sich an einigen Stellen in Korfu-Stadt, wie am Alten Hafen, am San Rocco Platz oder der Esplanade sowie am Flughafen. Im Stadtbereich gilt Tarif 1, außerhalb der höhere Tarif 2. In den übrigen Inselortschaften muß das Taxi über die Funkzentrale bestellt werden (Tel. 33811 oder 33812). Die Anfahrt aus Korfu-Stadt bzw. die Rückfahrt bei Einfachfahrten aus der Stadt hinaus werden dem Taxifahrer gezahlt. Wer zur Abreise ein Taxi zum Flughafen benötigt, sollte dies möglichst am Tag zuvor bestellen.

Touristeninformation
Die Griechische Zentrale für Fremdenverkehr (G.Z.F. – Abkürzung in griechisch: E.O.T.) stellt kostenlos Informationsmaterial zur Verfügung. Die Direktion für Deutschland befindet sich in Frankfurt, Neue Mainzer Str. 22, 60311 Frankfurt, Tel. (069) 236561-63, Fax: (069) 236576. Außerdem gibt es Büros in Berlin, München und Hamburg. Auch in Korfu-Stadt gibt es eine Niederlassung der E.O.T., sie ist unter Tel. 35520 zu erreichen. Hier erhält man u. a. Prospekte, Programme und Fahrpläne. Bei vielen privaten Reisebüros vor Ort bekommt man ebenfalls derartige Informationen.

Zeit
Griechenland liegt in der Osteuropäischen Zeitzone (OEZ), es muß eine Stunde zur MEZ zugerechnet werden (9 Uhr in Deutschland, 10 Uhr in Griechenland). Auch in Griechenland ist die Sommerzeit eingeführt.

Zoll
Griechenland ist EG-Mitgliedsstaat, es gelten die entsprechenden Richtlinien.

Wörterbuch: deutscher/wissenschaftlicher Name

Meerestiere

Achselfleck-Lippfisch	*Symphodus mediterraneus*
Anemonen-Einsiedler	*Pagurus prideaux*
Braune Kauri	*Cyprea lurida*
Brauner Zackenbarsch	*Epinephelus marginatus*
Bunter Springkrebs	*Galathea strigosa*
Dornenseestern	*Coscinasterias tenuispina*
Einhorngarnele	*Pleisionika narval*
Eisseestern	*Marthasterias glacialis*
Feuerwurm	*Hermodice carunculata*
Feigenschwamm	*Petrosia ficiformis*
Gelbe Steinkoralle	*Leptopsammia pruvoti*
Gelb-violette Sternschnecke	*Hypselodoris elegans*
Gemeiner Krake	*Octopus vulgaris*
Gestreifter Schleimfisch	*Parablennius rouxi*
Geweihmoostierchen	*Smittina cervicornis*
Geweihschleimfisch	*Parablennius gattorugine*
Große Felsgarnele	*Palaemon serratus*
Großer Einsiedlerkrebs	*Dardanus calidus*
Languste	*Palinurus elephas*
Leopardenschnecke	*Peltodoris atromaculata*
Mantelaktinie	*Adamsia palliata*
Meerbarbenkönig	*Apogon imberbis*
Meerjunker	*Coris julis*
Meerpfau	*Thalassoma pavo*
Mönchsfisch	*Chromis chromis*
Mittelmeer-Muräne	*Muraena helena*
Neptunsschleier	*Reteporella couchii*

Orangefarbener Hornschwamm	*Agelas oroides*
Pfauenlippfisch	*Symphodus tinca*
Purpurrose	*Actinia equina*
Purpurseestern	*Echinaster sepositus*
Randplatten-Polsterseestern	*Sphaerodiscus placenta*
Rasenkoralle	*Cladocora cespistosa*
Rote Seescheide	*Halocynthia papillosa*
Rotvioletter Seestern	*Ophidiaster ophidianus*
Runzelige Seespinne	*Herbstia condyliata*
Sägebarsch	*Serranus cabrilla*
Schamkrabbe	*Calappa granulata*
Schmarotzerrose	Calliactis parasitica
Schriftbarsch	*Serranus scriba*
Seepapagei	*Sparisoma cretense*
Siebanemone	*Aiptasia mutabilis*
Spitzkopf-Zackenbarsch	*Epinephelus costae*
Trugkoralle	*Myriapora truncata*
Variable Kauri	*Cyprea spurca*
Violette Fadenschnecke	*Flabellina affinis*
Violette Weißspitzen-Fadenschnecke	*Coryphella pedata*
Weiß-rot-blaue Fadenschnecke	*Cratena peregrina*
Wollkrabbe	*Dromia personata*
Zylinderrose	*Cerianthus membranaceus*

<u>Landpflanzen</u>

Chinesischer Roseneibisch	*Hibiscus rosa-sinensis*
Immergrüne Baumheide	*Erica arborea*
Kahle Drillingsblume	*Bougainvillea glabra*
Kermeseiche	*Quercus coccifera*
Mastixstrauch	*Pistacia lentiscus*
Mittelmeer-Zypresse	*Cupressus sempervirens*
Ölbaum	*Olea europea*
Oleander	*Nerium oleander*
Steineiche	*Quercus ilex*

Literaturempfehlungen

Kunst und Erzählungen:

Klaus Gallas: Korfu. DuMont Kunstreiseführer. Köln 1989. (Sehr ausführliche Darstellung aller kunstgeschichtlich wichtigen Zeugnisse auf Korfu)

Lawrence Durell: Schwarze Oliven. Korfu – Insel der Phäaken. Rowohlt Verlag, Hamburg 1963. (Anspruchsvolle Erzählung in Tagebuchform, eine literarische Liebeserklärung an Korfu)

Gerald Durell: Meine Familie und anderes Getier. Ullstein Verlag, Frankfurt/M., Berlin 1990. (Humorvoll erzählte Erlebnisse auf Korfu in den 30er Jahren, mit vielen Beobachtungen der heimischen Tierwelt)

Tier- und Pflanzenwelt:

Rupert Riedl: Fauna und Flora des Mittelmeeres. Verlag Paul Parey, Hamburg, Berlin 1983. (Die ausführlichste Darstellung der Pflanzen- und Tierarten des Mittelmeeres)

Rupert Riedl: Die Gärten des Poseidon – wie lebt und stirbt das Mittelmeer. Verlag Ueberreuter, Wien 1989. (Anschauliche Darstellung der vielfältigen ökologischen Beziehungen im Meer und der menschlichen Einflüsse)

Margot und Franz Ebersold: Unterwasserwelt des Mittelmeeres. Birkhäuser Verlag, Basel 1989. (Illustrierte Einführung in die Biologie der Mittelmeerbewohner)

Claus Valentin: Faszinierende Unterwasserwelt des Mittelmeeres. Verlag Paul Parey, Hamburg, Berlin 1986. (Ökologische Darstellung der Lebensräume im Mittelmeer)

Helmut Göthel: Farbatlas Mittelmeerfauna. Verlag Eugen Ulmer. Stuttgart 1992. (Bildbestimmungsbuch mit ausführlicher Beschreibung zahlreicher Fische und wirbelloser Tiere)

Ingrid und Peter Schönfelder: Die Kosmos Mittelmeerflora. Franckh-Kosmos Verlag, Stuttgart 1990. (Bildbestimmungsbuch mit ausführlicher Beschreibung vieler Bäume, Sträucher und Blumen des Mittelmeergebietes)

Für Wanderer

Noel Rochford: Landschaften Korfus. Sunflower Books, London 1992. (Beschreibung von Autotouren, insbesondere jedoch Wander- und Picknicktouren auf Korfu)

Straßenkarten

Autokarte Korfu. Freytag und Berndt, Wien.
Corfu & Ionian Islands. Bartholomew.

Bildnachweis

Manuela Kirschner:
2, 29 u., 32, 33., 43 u., 60 u., 74, 75, 81

Matthias Bergbauer: 11, 15, 17, 20, 22, 23, 25, 27, 29 o., 38, 39, 41, 43 o., 44, 45, 48, 49, 51, 53, 56, 57, 60 o., 61, 64, 65, 68, 69, 79, 85, 88, 89, 92

Delius Klasing
EDITION NAGLSCHMID

Unterwasserführer

HORST MOOSLEITNER
ROBERT PATZNER

Unterwasserführer Mittelmeer – Niedere Tiere
Band 4

Die typischen Vertreter der zahllosen Tierstämme im Mittelmeer: Hohltiere, Muscheln, Schnecken, Tintenfische, Krebse, Seeigel u. a. in herrlichen Aufnahmen, mit zahlreichen Informationen in deutsch / englisch.

216 S. mit 150 farb. Biotopaufnahmen, zahlr. Abb., zweisprachig, geb.
ISBN 3-89594-000-3

HORST MOOSLEITNER
ROBERT PATZNER

Unterwasserführer Mittelmeer – Fische
Band 6

Die wichtigsten Fischfamilien rund um das gesamte Mittelmeer. Fotografiert in ihrer natürlichen Umgebung, mit allen zur Bestimmung notwendigen Angaben in deutsch / englisch.

168 S. mit 100 farb. Biotopaufnahmen, zahlr. Abb., zweisprachig, geb.
ISBN 3-89594-001-1

Erhältlich im Buch- und Fachhandel